源平合戦の虚像を剝ぐ

治承・寿永内乱史研究

川合　康

講談社学術文庫

目次

源平合戦の虚像を剝ぐ

源平合戦の虚像を剝ぐ

治承・寿永内乱史研究

『平家物語』が基本的に源平棟梁《とうりよう》の交替史として構想されていることは周知のことであろう（兵藤裕己『太平記〈よみ〉の可能性』）。そして、その源平交替史の叙述の大きな特徴は、「盛者必衰《じようしやひつすい》の理《ことわり》」にしたがって、平氏一門の滅亡があたかも源平争乱の必然的結末であったかのように、争乱当初から描いていることにあるといえよう。

そのため物語中には、争乱の最中にこの「必然的」結末を暗にほのめかす「予言者」の役割をもった人物が登場する。その代表的な人物が有名な斎藤別当実盛《さいとうべつとうさねもり》である（石母田正『平家物語』）。

斎藤実盛

治承《じしよう》四年（一一八〇）十月、甲斐《かい》源氏を中心とする東国の反乱軍と中央から派遣された「官兵」＝平氏軍とがはじめて戦闘を交えることとなった駿河《するが》国富士川で、平氏軍の一員であった斎藤実盛は、大将軍平維盛《たいらのこれもり》の諮問にたいし、つぎのように語ったという（『平家物語』巻第五「富士川」）。

すなわち、維盛から実盛ほどの「つよ弓の精兵《せいびよう》」はどれくらい東国にいるかと尋ねられたのにたいして、実盛はまず矢の長さについて、自分のものは十三束《そく》（束は一握りの拳の長さで、矢の長さの単位。通常は十二束＝約八三センチメートル）しかないが、「大矢」を引く東国武士のあいだでは、十五束以下の者はおらず、しかもそれは五、六人張りの強弓があたりまえで、このような精兵が射る矢は鎧の二、三両をたやすく射とおす威力がある、と東国武士の並はずれた射芸の技量について語っている。

親も討たれよ、子も討たれよ

さらに実盛は、東国で「大名」とよばれる武士は、勢の少ない者でも五百騎に満たない者はなく、馬に乗っては落ちることを知らず、どんな悪所を馳せても馬を倒すようなことはない、と東国武士の勢力の大きさと高度な馬術を強調する。

そのうえで、「親も討たれよ、子も討たれよ、死ぬれば乗り越え乗り越えたたかう候」と、東国武士は親や子が死んでもそれを乗り越えながら戦うのにたいして、西国武士は親が死ねば供養の法事をまずおこない、子が死ねば嘆き悲しんで戦うことをやめてしまうと述べ、また、兵粮米がなくなれば西国武士は収穫の秋まで合戦を延期し、暑い夏や寒い冬は合戦を避けようとするが、東国武士はけっしてそのようなことをしない、と両者の違いを大げさに語るのである。

平氏の武士たちは「これきいて、みなふるいわなゝきあえり」と物語はつづくのであるが、本書でも後述するように、この富士川合戦において、平氏軍が水鳥の羽音に驚いて戦わずして逃走してしまったことは歴史的事実であり、平氏軍のなかに東国の反乱軍とはじめて戦う不安や恐怖が存在したことは確かであろう。ここで斎藤実盛が語っているような噂（デマ）が平氏軍のなかに広まっていたとしても、なんら不思議ではない。

しかし、じっさいには富士川合戦に参加していなかった武蔵《むさし》国長井荘《ながいのしょう》の武士斎藤実盛を登場させ（『吾妻鏡《あずまかがみ》』治承四年十二月二十二日条）、彼の口をとおしてこれを「真実」として語らせているところに、『平家物語』の虚構性が存在するのである。

平家物語史観

『平家物語』の読者はこの斎藤実盛の一節を読んで、東国武士と西国武士とのあいだにこれだけ歴然とした技量と習慣の差がある以上、源平争乱がはじまったばかりのこの時点で、平氏の滅亡までも予感することになろう。

しかし現実的には、最近の高橋昌明《たかはしまさあき》氏の研究に明らかなように、馬を馳せながら弓を引く「馳射《はせゆみ》」の技術にすぐれていたのは平氏軍のほうであり（高橋昌明「武士と王権」）、平氏軍はこの富士川合戦で敗れはしたものの、寿永《じゆえい》二年（一一八三）初頭までは反乱諸勢力より平氏の勢力がむしろ優勢であって、富士川合戦後も三年近くにわたって都を守りつづけていくのである。

このような『平家物語』の虚構性は、そのほかたとえば「駆武者《かりむしや》」のあつかいにも顕著に示されている。

「駆武者」とは、源頼朝《みなもとのよりとも》や平清盛《たいらのきよもり》などとの主従関係に基づいて戦場に動員された武士ではなく、合戦にさいして国衙《こくが》機構や追討使《ついとうし》の活動などをつうじて駆りあつめられた武士たちのことであるが、『平家物語』はこれを平氏の軍勢の特徴として描き、「駆武者」の敵前逃亡や裏切りを、平氏が合戦に敗北する主要な要因としてたびたびあげている（巻第五「富士川」、巻第七「篠原合戦」など）。

しかし、「駆武者」が頼朝の軍勢においてもかなりの比重を占めていたことは明らかであり、これは平氏軍の特徴ではなく、当時の軍隊の一般的特徴なのである。『平家物語』は、このような「駆武者」をあえて平氏軍勢の特徴として描くことによって、平氏軍の敗北を自明なもの、必然的なものとして読者に納得させる効果を生みだしているといえよう。斎藤実盛の発言や「駆武者」の描写は、「盛者必衰の理」に基づく「平家物語史観」の、いわば重要な装置となっているのである。

石母田領主制論の政治史認識

ところで、こうした『平家物語』における源平交替の思想が、『太平記』に媒介されて近世・近代にいたるまで社会的に大きな影響を持ちつづけたことは、最近の兵藤裕己《ひょうどうひろみ》氏の研究によって明らかであるが（兵藤裕己前掲著書）、ここで注目したいのは、このような「平家物語史観」が、戦後の中世史学界をリードした石母田正《いしもだしょう》氏のいわゆる「石母田領主制論」と密接にかかわって、現在にいたる内乱史研究の枠組みをつくってきたことである。

石母田正氏は、武士＝在地領主階級を、古代的な貴族政権と荘園制を打破・克服していく政治的・階級的主体ととらえ、「源平合戦」や「源平の争乱」と世間一般によばれているこの争乱を、「源平」の争覇ではなく、「主要な階級がそれぞれの利害と本質にもとづいて、全国的にしかも公然と行動」した古代末期の「内乱」として規定した（石母田正『古代末期の政治過程および政治形態』）。

つまり、在地領主制が古代国家権力を克服して封建制を実現していく重要な一政治過程として、「治承・寿永の内乱」（学界では「源平内乱」を当時の年号をとってこのようによんでいる）は位置づけられたのであり、このような「石母田領主制論」は一見して「平家物語史観」とはまったく無縁に思えるに違いない。

しかし、在地領主の武家政権への結集を封建国家の端緒としてとらえる「石母田領主制論」の立場は、この治承・寿永の内乱の帰結＝鎌倉幕府の成立を歴史的発展段階として必然視しようとするものであり、古代国家の傭兵隊長と位置づけられた平氏の没落は、ここでも自明のこととされているのである。

石母田氏の内乱史研究に影響をうけた平氏政権研究が、平氏の軍事力の性格として「駆武者」に注目し、「平家物語史観」に呪縛《じゅばく》されてそれを平氏特有のものとみなし、頼朝権力との質的差異を指摘したのは（高田実「平氏政権論序説」）、じつは「石母田領主制論」と『平家物語』の内乱史認識が基本的に一致するからにほかならないのである。

「石母田領主制論」は、のち「新領主制論」を展開した戸田芳実《とだよしみ》・河音能平《かわねよしやす》・大山喬平《おおやまきょうへい》・工《く》藤敬一《どうけいいち》氏らによって批判され、この段階の中央貴族・荘園領主は在地領主とならぶ中世的な封建領主として位置づけられ、現在ではこうした見解が定説となっている。[1]

したがって、もはや治承・寿永の内乱は平氏＝古代的勢力と頼朝＝封建的勢力との抗争として認識することはできなくなっている。しかしそれにもかかわらず、治承・寿永内乱期の政治史認識にかんしては、本書で後述するように、やはり平氏の敗北をあたかも自明のこととしてとらえようとする見解が主流となっているのである。

鎌倉幕府は「予期せぬ結末」

さて、内乱が全国で同時多発的に勃発した治承四年（一一八〇）から寿永二年（一一八三）初頭までは、反乱諸勢力よりはむしろ平氏勢力が優勢のまま大飢饉のために戦線が膠着《こうちゃく》化《か》した段階にあたる。そして寿永二年五月の北陸道における平氏軍の敗北、七月の平氏都落ちによって、軍事情勢はいっきに流動化することとなるが、この段階においても平氏軍はいまだ西国に強固な基盤を保っており、義仲《よしなか》・行家《ゆきいえ》・頼朝などの他の軍事権力と比べて、必ずしも劣勢にあるとはいえない。

頼朝の軍事的優位性が確立されるのは、翌寿永三年（一一八四）二月の生田の森・一の谷合戦以後、畿内近国を軍事的制圧下においてからのことと理解されるが、それでもなおこの時点から一年をかけて平氏を壇ノ浦での滅亡へと追い込んでいくことを考えれば、「平家物語史観」がいかに治承・寿永の内乱を結果論的に単純化しているかは明瞭であろう。

そして、このような内乱期の流動的な政治情勢のなかで、内乱勃発時には誰も想像しなかったに違いない事態が生みだされてくることになる。

すなわち、関東を中心とした反乱軍が相模《さがみ》国鎌倉に本拠地をおいたまま軍事的成長をとげ、唯一の「官兵」としてみずからを位置づけていく事態、それが鎌倉幕府の成立であった。鎌倉幕府は、治承四年の内乱勃発から文治《ぶんじ》五年（一一八九）の奥州合戦にいたる、十年近くにわたって続いた「治承・寿永の内乱」という未曾有《みぞう》の規模の全国的内乱の予期せぬ結末だったのである。

手つかずの分野——現実の「戦争」

鎌倉幕府の成立を、このように治承・寿永内乱期の反乱軍の成長としてとらえなおすことができるとすれば、幕府権力形成の前提として分析する必要があるのは、内乱期に組織された「戦争」の実態である。しかし、じつはこの問題こそ、従来の中世史研究ではほとんど手つかずの分野なのである。

このように述べると、おそらく読者のなかには意外に思われる方が多いかもしれない。なぜなら、古典的な「一騎打ち」、生田の森・一の谷合戦における源《みなもとの》義経《よしつね》の鵯越《ひよどりごえ》での「坂落し」、屋島《やしま》合戦での那須与一《なすのよいち》の「扇の的」、壇ノ浦合戦での「義経八艘《はっそう》飛び」など、ロマンに満ちみちた合戦譚が、これまでの「源平合戦」をあつかう本にはあふれていたからである。

ただ、このようなイメージは現実の戦争の形態ではありえない。たとえば、本書で後述するように、あたかも断崖絶壁の山から馬で駆けおりたかのようにいわれる鵯越の「坂落し」の奇襲。

比較的坂道に強いとされる在来馬にあっても、険阻《けんそ》な山坂道には弱く、そのような街道での運搬は近代にいたるまで牛が使用されていた事実を知るとき、むしろ現実にはありえないことだからこそ、人々を魅了する英雄伝説として広まったと理解されよう。そもそも同時代史料によれば、義経の軍勢は山陽道を東進して一の谷を攻撃しており、山方の鵯越は通っていないのである（『玉葉』寿永三年二月八日条）。

現実的かつ冷静に

一九七〇年代以降、武士を在地領主の側面からとらえるのではなく、武士を「職業的戦士身分」としてとらえる見かたが有力となってきている。「石母田領主制論」では中世社会を切りひらく英雄＝変革主体として美化されてきた武士は、いまや「職業的殺し屋」とまでよばれるようになった。

しかし現在でも、武士を暴力団にたとえ、その武力を超歴史的に批判するような見解は目についても、肝心の武士が「戦士」として行動する「戦争」や「武力」の在りかたについては、まだまだ未解明な部分が多い。そのような研究状況からいっても、治承・寿永内乱期の戦争を正面からとりあげ、その実態を検討することは、けっして無意味ではないだろう。「源平合戦」にロマンを感じておられた方は、少々失望されることになるかもしれないが、本書としてはできるだけ現実的・冷静に、治承・寿永内乱期の戦争の実態を復元し、そのうえで、たんに戦乱の被害者にとどまらない中世民衆の動向や、内乱の歴史的所産としての鎌倉幕府の成立を、検討していきたいと考えている。

第一章　武士再考

1　歴戦の老武者の嘆き

源充と平良文

今は昔、東国に源充《みなもとのあつる》（宛とも）と平良文《たいらのよしぶみ》という勇猛な兵《つわもの》がいた。互いに武勇を競いあっていたが、双方の自慢話をわざわざ相手に伝える郎等がでて、両人とも立腹し、ついに原野で合戦をおこなって勝負をつけようという仕儀になった。

いよいよその当日、約束した原野に巳《み》の刻（午前十時ごろ）にあらわれた両者は、それぞれ五、六百人ほどの軍勢を引き連れ、前面に楯を突き並べて、一町（約一〇九メートル）ばかりを隔てて対陣した。

双方から兵をだして、「牒《ちょう》」（開戦状）を取りかわしたが、軍使となった兵が引きかえすと同時に、矢を射懸けるのがしきたりであり、その使者は、けっして馬を走らせることなく、敵陣を振りかえらず、静かに堂々と帰ってくるのが、勇猛の証《あかし》であったという。

さて、その後、両軍は楯を寄せあい射戦を開始しようとすると、良文の陣からふたたび使者が遣わされ、「今日は軍勢どうしの合戦をやめて、君と我との二人だけで馳せあって戦い、どちらが武芸に優れているか、決着をつけようではないか」と提案があった。充もこれに賛成し、二人は互いに楯のなかからゆっくりと馬を歩ませて進みでた。

そして両人は、雁股《かりまた》の矢（矢の先の鏃《やじり》が股の形態に開き、その内側に刃がついているもの）をつがえると、馬を走らせた。

互いに弓を引きしぼり、馳せ違いざまに矢を放ち、走り過ぎるととって返し、また弓を引きしぼって敵を狙う。良文が射た矢を、充は落馬せんばかりの姿勢でよけ、充の放った矢も、良文にさっとかわされる。このような攻防が何度も繰りかえされた。

しかし結局、この「馳組《はせく》み」の一騎打ちは勝負がつかず、両者は互いの武芸を讃《たた》えあって、軍を引いた。それ以後は、源充と平良文は友誼を結んで争うことはなかったという。

理想の「兵」像

右の話は、平安末期の十二世紀前半に成立した『今昔物語集《こんじゃくものがたりしゅう》』巻二十五に収められたものである。ここに登場する源充・平良文はともに実在の人物であり、充は武蔵《むさし》国箕田《みた》郷（埼玉県鴻巣《こうのす》市付近）を本拠とする嵯峨源氏の一族で、延喜十九年（九一九）に武蔵国衙《こくが》を襲撃した前武蔵権介源任《つかう》（仕とも）（『扶桑略記』裡書　延喜十九年五月二十三日条）の子息である。

いっぽう、上総介高望《かずさのすけたかもち》の子息であった良文は、桓武平氏の一流で、有名な平将門《まさかど》の叔父にあたる。武蔵国村岡（埼玉県熊谷《くまがや》市）に本拠をもち、のち鎌倉幕府草創期に活躍する上総《かずさ》・千葉《ちば》・三浦《みうら》・梶原《かじわら》・大庭《おおば》・畠山《はたけやま》氏など、そうそうたる東国武士団の祖と伝えられる人物である。[1]

同じ十世紀前半に関東の大地で活躍した両者が、じっさいにこのような一騎打ちをおこなったかどうかは定かではない。ただここには、『今昔物語集』が編纂された十二世紀段階における、理想の「兵」像が描かれているといってよいだろう。理想の「兵」とは、何よりもまず、馬を馳せながら弓を引く「馳組み」の戦闘技術に熟練し、武名を重んじ、合戦の場所・日時の約束、軍使の安全の保障など、合戦上のルールを遵守《じゅんしゅ》すべき存在だったのである。

通説を疑え！

ところで、これから本書があつかおうとする十二世紀末の治承《じしょう》・寿永《じゅえい》内乱期の戦争、すなわち「源平合戦」についても、一般的には、つぎのように説明されることが多い。[2]

① 戦闘の主役はやはり騎馬武者で、その戦闘の基本的形態は「騎射《うまゆみ》」戦、とくに馬を走らせながら敵を射る「馳組み」戦であった。

②　そのために、騎馬武者が自由に馬を駆けめぐらすことのできる広闊地《こうかつち》＝原野が戦場に選ばれた。

③　騎馬武者には、数人の雑色《ぞうしき》・下人《げにん》とよばれる徒歩立《かちだ》ち（歩兵）の従者が随行するが、彼らは主人が射落とした敵の首を掻き落とすなどの補助的役割をはたすにすぎない。

④　戦場では、こうした騎馬武者の個人的な資質を比べあうための、合戦上のルール（兵の道）が互いに尊重されていた。

⑤　このような戦闘様式が変化するのは、鎌倉末・南北朝期に至ってからである。そこでは、楠木正成《くすのきまさしげ》の千早《ちはや》・赤坂《あかさか》城におけるゲリラ戦に象徴されるような、複雑な地形や岩石・樹木などを戦闘条件に入れた歩兵による集団戦が展開し、騎馬武者の名誉のための合戦上のルールも崩壊した。

鎌倉末・南北朝期の戦闘と明確に区別された源平合戦のこうしたイメージは、『今昔物語集』に見られた理想的「兵」像のイメージと重なりながら、ひろく国民のあいだに定着しているといえるだろう。そしてこのイメージを前提にして、鎌倉初期は「武芸精神の高潮期」と位置づけられ、主従道徳や名をたっとぶこと、恥を知ること、不言実行、思慮のあることなどを徳目とする、鎌倉武士の精神生活が指摘されてきたのである（河合正治「鎌倉武士団とその精神生活」）。

しかし、このようにロマン化された源平合戦のイメージは正確なのだろうか。先に掲げた『今昔物語集』ですら「昔の兵、かくありける」と記し、すでに過ぎ去った時代の、多分に理念化された「兵」像であることを明言している。とすれば、『今昔』から半世紀以上を経た、治承・寿永内乱期の源平合戦についてはなおさらのこと、通説的イメージを疑い、実態を問いなおすことが必要なのではないだろうか。

三浦真光は語る

ここに一つの貴重な証言がある。

治承四年(一一八〇)八月、挙兵直後の源頼朝《みなもとのよりとも》と気脈をつうじた三浦一族は、相模《さがみ》国衣笠《きぬがさ》城(神奈川県横須賀市)を出て石橋山《いしばしやま》に向かうものの、合戦に間にあわず、引きかえす途中の小坪坂《こつぼざか》(神奈川県逗子《ずし》市)において、平氏方の畠山重忠《はたけやましげただ》の軍勢と遭遇した。『延慶本平家物語《えんきょうぼんへいけものがたり》』第二末には、そのさいに、三浦義明《みうらよしあき》の孫、和田義盛《わだよしもり》が、はじめて体験する「馳組み」戦の心構えを、義明郎党の三浦真光《さねみつ》に尋ねる場面が描かれている。この真光は、当年五十八歳、戦に参加すること十九度という歴戦の老武者であった。

真光の発言を聞いてみよう。

軍《いくさ》にあうは、敵も弓手《ゆんで》、我も弓手に逢わんとするなり。打解弓《うちとけゆみ》を引くべからず。空き間を心に懸けて、振り合わせ振り合わせして、内甲《うちかぶと》を惜しみ、徒矢《あだや》を射じと矢を矧《は》げながら、矢を惜《たば》い給うべし。矢一つ放ちては、次の矢を怱《いそ》ぎ打くわせて、敵の内甲を御意に懸け給え。昔様には馬を射る事はせざりけれども、中比《なかごろ》よりは、先しゃ馬の太腹を射つれば、跳ね落とされて徒歩立ちになり候。近代は、様もなく押並びて組みて、中に落ぬれば、太刀《たち》・腰刀にて勝負は候なり。（『延慶本平家物語』第二末「小壺坂合戦之事」）(3)

「馳組み」戦では、敵も我も、相手を弓手の側（左手側の騎射の容易な方向）に誘いこもうとするものだ。弦のゆるんだ弓を引いてはならぬ。

鎧《よろい》を構成する札《さね》（牛革をつき固めた煉革《いためかわ》や鉄で製作された小片）と札との継ぎ目にできる隙間に注意して、鎧を絶えずゆり上げて隙間をなくし、兜《かぶと》の内側を敵に射られぬように心を配り、むだ矢を射るまいと矢を弓につがえながら、矢を惜しまれよ。

矢を一つ放ったら、急いでつぎの矢を弓につがえて、敵の兜の内側（とくに額）に狙いを定められよ。昔は馬を射るようなことはしなかったが、近年はまず敵の馬の太腹を射て、跳ね落とされ徒歩立ちになった敵を討つようになった。さらに最近では、理由もなく馬上から押し並んで組みつき、下に落ちたところを、太刀・腰刀で勝負を決めるようになってしまった。

真光の言葉を、文意を補いながら意訳すると、右のようになろうか。

戦闘様式が変化した

この老武者の証言がなぜ貴重なのか。

彼は前半部分では、馬を走らせながらどのように敵を射落とせばよいかという「馳組み」戦の故実を語りながら、後半部分では、最近の傾向として、まず敵の馬を狙い射たり、理由もなく押し並んで組み落とし、格闘によって勝負を決める戦闘法が流行してきたことを嘆いているのである。

もちろん、馬上から弓を引くばあい、箙《えびら》(矢の容器)に入れる矢の本数はかぎられており、『平家物語』などを見ると矢数は二十四本が基本であったから[4]、矢を射つくせば、当然のごとく組打ちや太刀打ちの戦闘に移行することとなる。

しかしここでは、組打ちになる戦闘が、敵の馬を射る戦闘法と同様に、はじめから「馳組み」戦を放棄する戦闘様式として現象してきたことが問題なのである。

ちなみにここで引用した『延慶本平家物語』は、他の平家物語諸本と比べ古態性を維持しており、底本の成立時期は十三世紀前半、鎌倉前期と推定されている(小林美和「延慶本平家物語の成立」)。したがって、ここに描かれた戦闘様式の変化は、治承・寿永内乱期のもので、けっして鎌倉末・南北朝期の戦闘を反映したものではないことを確認しておきたい。

格闘そのもの――組打ちと相撲

たしかに延慶本をはじめ『平家物語』には、真光の証言どおり、組打ちの戦闘場面がじつに多い。たとえば、寿永三年（一一八四）二月の生田の森・一の谷合戦における有名な平《たいらの》敦盛《あつもり》と熊谷直実《くまがいなおざね》との一騎打ちも、つぎのように描かれている。

馬の上にて引き組みて、浪打ち際へ落ちにけり。上になり下になり、三離れ四離れ組みたりけれども、ついに熊谷上になりぬ。左右の膝を以て、鎧の左右の袖をむずと押さえたりければ、少しも動《はたら》かず。熊谷腰刀を抜いて、内甲を掻かんとて見たれば、十五、六ばかりなる若人の色白く見目美しくして、薄気装して、かね黒なり。

（『延慶本平家物語』第五本「敦盛被討給事付敦盛頸八嶋へ送事」）

馬上から組みついて両者ともに落ち、「上になり下になり」して取っ組みあい、直実が敦盛を組み伏せたところで、この敵がいまだ十六歳の若い公達《きんだち》であることを知る場面である。結局、見逃したい心情をおさえて敦盛を討った直実が、出家の意志を固めたとする説話展開からすれば、直実が組み敷いた敦盛の顔を覗きこむこの場面は説話の核心部分といえるだろう。それが、治承・寿永内乱期に流行した組打ちという戦闘法を前提に描かれていることに注目したい。

このような組打ちの流行は、すでに石井進《いしいすすむ》氏・高橋昌明氏・野口実《のぐちみのる》氏らが指摘しているように、あらたな実戦向き武芸として、「相撲」を武士社会に定着させることになる。[5]

源頼朝が整備した鎌倉の鶴岡八幡宮《つるがおかはちまんぐう》の祭礼では、相撲が競馬《くらべうま》や流鏑馬《やぶさめ》とセットになって開催されるのが恒例であったし（『吾妻鏡』文治五年四月三日条、六月二十日条、七月一日条など）、また建久《けんきゅう》二年（一一九一）閏《うるう》十二月に三浦義澄《よしずみ》の新邸に遊んだ頼朝が、武士たちに相撲を取らせ見物したことなども知られている（『吾妻鏡』建久二年閏十二月七日条）。

当時の相撲は、現在のように勝負を決める土俵がなく、勝負は相手を倒すことのみによって決まったらしい。とくに武士の鍛錬としての相撲は、有名な『曾《そ》我物語《がものがたり》』の冒頭に出てくる河津祐通《かわづすけみち》の相撲のごとく、力まかせに相手をねじ伏せ、投げとばすといった荒っぽいもので、朝廷の年中行事である相撲節会《すまいのせちえ》で発達し洗練された格闘競技とは異なり、戦場での組打ちに直接つながる、いわば「格闘そのもの」だったのである（新田一郎『相撲の歴史』一三八ページ）。

源平合戦を経た鎌倉前期の武士社会では、戦闘様式の変化にともなって、こうして相撲が弓馬と並ぶ武芸として重視され、あらたに「弓馬・相撲の達者」という文言が、すぐれた武士を讃える表現としてしばしば用いられるようになっていくのである（『吾妻鏡』承元二年十月二十一日条、承久三年六月十九日条など）[6]。

馬当て

源平合戦における騎馬武者の戦闘法の変化として、組打ちとともに、もう一つここで注目しておきたいのは、「馬当て」とよばれる戦闘法である。

馬当てについては、従来ほとんど関心が向けられてこなかったが[7]、これは敵の馬の胴や首に馬ごとぶつかり、人馬もろともに当て倒すという戦闘法で、『延慶本平家物語』には、

平山が乗りたる馬は究竟《くっきょう》の馬なり。城中の者共の乗りたる、船に立て、磯に立てたる馬なれば、痩せ疲れて、一当て当てたらば倒れぬべければ、近付かざりけり。

（『延慶本平家物語』第五本「源氏三草山幷一谷追落事」）

などと見え、この時期に盛んにおこなわれていたことがうかがえるのである。

ところで、「馬当て」などと聞くと、りっぱな馬格を誇る大型馬をイメージしがちであるが、次章で詳しく述べるように、日本の在来馬は、現在の馬の分類にあてはめるとポニーに相当する小さな馬しかいない。

ただ、日本では牡馬を去勢する習慣がなく、貧弱な馬格ながらその多くは「暴れ馬」であった。徴用軍馬が軍用に堪えないとして、日本で去勢技術の普及が進められるのは、じつに日露戦争中の一九〇四年からであり、一九〇〇年の義和団《ぎわだん》運動抑圧のため中国に共同出兵し

たさいには、欧米兵士の目からは「家畜」ではなく「猛獣」と映ったほどであった（大江志乃夫『日露戦争と日本軍隊』二四〇ページ）。

このような日本の馬の特徴をふまえると、馬当て戦法は、むしろ在来馬の荒馬の特性を生かした戦闘法であるといえるだろう。古式馬術の宗家であった金子《かねこ》有鄰《ゆうりん》氏が、「日本のは自分の馬を敵の胴中へ打ち当てて相手の人馬を打ち倒すのを騎馬戦の本義としている。（略）肥後熊本藩の馬術では『馬当』と号して、これを専一に馬を仕込んでいる」と述べているように（金子有鄰『日本の伝統馬術　馬上武芸篇』六ページ）、のちに馬当ては騎馬武者の戦闘法の主流になっていくのである。

しかしこうした戦闘法が、源平合戦以前の「馳組み」戦の在りかたからすれば、逸脱したものであったことはいうまでもない。それでは、敵の馬を射るにせよ、組打ちにせよ、馬当てにせよ、なぜこのような戦闘様式が源平合戦においてあらわれてきたのだろうか。その変化の原因をさぐるために、すこし回り道のようではあるが、次節では平安後期においてそもそも武士とはいかなる存在であったのかについて、検討しておくことにしたい。

2　武士の芸能

芸能者の一類

平安後期の代表的学者であった大江匡房《おおえのまさふさ》が編纂した『続本朝《ぞくほんちょう》往生伝《おうじょうでん》』（『群書類従』第五輯「伝部」）には、摂関期の一条天皇の時代（在位九八六～一〇一一）における各界の一流人物が類別され列挙されている。

武士としては、源満仲《みつなか》・満正《みつまさ》・頼光《よりみつ》、平維衡《これひら》・致頼《むねより》らが「天下の一物」としてあげられているが、その分類を見ると、武士は管絃《かんげん》・文士・和歌・画工・舞人・異能・近衛《このえ》・陰陽《おんみょう》・有験《う げん》の僧・真言・能説の師・学徳・医方・明法《みょうぼう》・明経《みょうぎょう》などの諸道・諸芸の一つとして数えられている。つまり当時の認識では、武士は上横手《うわよこて》雅敬《まさたか》氏の指摘のように「一種の学業乃至《ないし》は職業（職能）であり」、「特殊な職能者を称したもの」であった（上横手雅敬「平安中期の警察制度」五三一ページ）。

このような武士観は、たとえば、同じ十一世紀に藤原明衡《あきひら》によって書かれたとされる『新猿楽記《しんさるがくき》』（『日本思想大系8　古代政治社会思想』）にもうかがうことができる。『新猿楽記』には、猿楽見物にやってきた西京の右衛門尉《うえもんのじょう》一家のさまざまな「所能」が描かれているが、そこでは高名の博奕《ばくち》打ちからはじまって、田堵《たと》・覡女《かんなぎ》・学生《がくしょう》・相撲人《すまいびと》・大工・医師《くすし》・陰陽師《おんみょうじ》・管絃和歌の上手・能書・細工・僧侶・絵師・仏師・商人などに至る「所能」をもつのなかに、「天下第一の武者」もあげられており、武士がやはり特殊な芸能（技能）をもつ職能者と見られていたことがわかるのである。

ここで「天下第一の武者」と紹介されているのは、右衛門尉の次女の夫で、「勲藤次《くんとうじ》」と名のる武士であった。もちろん『新猿楽記』に登場する多様な所能をもつ人々は、作者が創作した架空の人物群であり、この勲藤次も実在の武士ではない。

しかし、彼にかんする「合戦・夜討《ようち》・馳射《はせゆみ》・待射《まちゆみ》・照射《ともしゆみ》・歩射《かちゆみ》・騎射《うまゆみ》・笠懸《かさがけ》・流鏑馬・八《やつ》的《まと》・三々九《さんざく》・手挟《たばさみ》等の上手なり」という記述には、平安後期の理想的な武士像が投影されているといってよいだろう。

この記述のなかで、具体的な武芸としてあげられている「馳射」以下は、すべてが射技の名称であり（聞きなれない八的・三々九・手挟などは的《まと》の形態による区別）、またそのほとんどが馬上からの射芸である。

ほんらい武士とは、このような馬上からの射芸、すなわち「弓馬の芸」（＝騎射）という特殊な戦闘技術を身につけた一種の芸能者だったのであり、「職業的な弓射騎兵の戦士」の呼称であった。(8) たんに武装をしたからといって、誰もが武士とよばれたわけではけっしてなかったのである。

成立史を見なおす

こうした武士のとらえかたは、じつは学界においても比較的新しい研究視角である。

武士の成立や発展を、中世社会成立史とのかかわりのなかでとらえようとした戦後の研究は、彼らの在地領主（農場主に系譜を引く地域支配領主）としての側面に注目し、その基礎となる経済構造や農民・村落支配の問題を解明してきた。そして、領主制の展開という視角から中世社会・国家の成立を論じて、戦後の中世史研究をリードしたことは、ここであらためて指摘するまでもないだろう。

しかし、このような観点では、武士＝在地領主という図式に基づいて、武士はただちに在地領主一般に還元されてしまうことが多く、武士という特定の身分・職能に即して、その成立や発展を歴史的に検討するという発想がなかったことも事実である。地方の農村に豪族や有力農民のなかから領主が生まれ、領主が開発所領を自衛し農民を支配するために武装して武士となった、とする漠然とした教科書的説明も、こうした研究史段階に依拠しているのである。

前述したように、武士とは何よりもまず「弓馬の芸」という特殊な戦闘技術を有する職業的戦士身分の呼称であった。その武装も、狩猟の技能を基礎として展開した機動性に富む攻撃型の武装様式である。とすれば、自衛のための在地領主の武装化が、ただちに武士の成立を意味しなかったことは明白である。

一九六〇年代末にはじまった石井進氏・戸田芳実氏による武士の軍制史的研究は、右のような研究史上の反省に基づいて、武士成立史を見なおそうとするものであった（石井進「中世成立期軍制研究の一視点」「院政期の国衙軍制」「中世成立期の軍制」、戸田芳実「国衙軍制の形成過程」「国衙軍制の形成序説」）。両氏は、武士の成立を従来のように所領支配から自然発生的に説明するのではなく、その職能に即して王朝国家の軍制史の観点から解明する視角を提起したのである。

では、武士の成立はいったいどのように理解されるようになったのであろうか。

王朝国家の軍制改革

そこで、あらたに注目されたのが、九世紀における軍事的状況と国家の軍制改革である。[9]当時、律令国家は蝦夷《えぞ》征服戦と対新羅《しらぎ》臨戦態勢という軍事的課題に直面しており、それに対処するため二つの軍制改革を実施した。

一つは、班田農民から編成された律令軍団の騎兵が、弓馬にひいでた蝦夷の騎兵に対抗できないため、「兵士材料」の質的転換をはかったことである。すなわち、山林原野を生産・経営の場として狩猟や牧畜業をいとなんでいた辺地の特殊な狩猟民集団に「兵士材料」をもとめ、彼らのなかから弓馬の精兵を組織しはじめたのである。中世武士に見られる狩猟民のような兵装と戦闘様式は、この弓馬の精兵に淵源をもつ。

そしていま一つの改革は、改良型の弩《おおゆみ》と弩師の諸国配置によって、兵器において優越した歩兵隊をつくることであった。

弩とは、実物の構造は不明であるが、発射台に強弓《ごうきゅう》を水平にとりつけ、多数の大矢を遠距離まで発射する器械と想像され、承和《じょうわ》二年（八三五）には四方に発射できる廻転式に改良された（『続日本後紀』承和二年九月十三日条）。律令国家は、この新兵器と操作教官である弩師を、新羅との敵対関係が激化する貞観《じょうがん》期（八五九〜八七七）以後、諸国に配備していったのである。

しかし、このような軍制改革をもたらした軍事的状況は、九世紀末に至ると、また大きく変化することとなる。新羅王朝が衰退して、対新羅軍事問題の政治的比重が低下したいっぽうで、国内、とくに東国において、弓馬で武装した浮浪的反逆者集団である群党（党類）の蜂起が大規模かつ組織的に展開し、それが九世紀末から十世紀にかけて深刻な軍事問題として浮上したのである。

神出鬼没

この党類とは、富豪層を中心に在地に形成されつつあった階級関係を包含し、富豪層から百姓・隷属民・流人までも含む反律令的勢力の連合組織であった。

彼らの蜂起は、国司・国衙の襲撃や中央貢納ルートの攻撃・攪乱を主要な形態とし、たとえば寛平《かんぴょう》七年（八九五）ごろから蜂起した「僦馬《しゅうば》の党」に見られるように、東山道で荷駄を襲うとすぐに東海道におもむき、東海道で駄馬を掠奪するとたちまちに東山道に出没するといった駿足の機動性や、また上野《こうずけ》国国司と隣国国司の追討を受けると、ただちに「解散」して国外に逃走してしまうという流動性・浮浪性を特徴としていた（『類聚三代格』昌泰二年九月十九日「太政官符」)。

このような性格をもつ群党の攻撃にたいして、対新羅戦では有効であったような弩中心の重装兵器と歩兵隊では鈍重で役に立たないため、国家は群党追討を可能にするような軍制改革にふたたび取り組むことになる。

すなわち、歩兵中心の従来の軍団構成を改変して、群党と同じ党的構造をもつ軽装の弓射騎兵の軍事集団を編成し、これらを「諸家兵士」「諸国兵士」として動員する体制が築かれていくのである。

この王朝国家や各国国衙によって動員される党的軍事集団こそ、中世的武士の成立をもたらすものであった。武士は、九世紀に狩猟民集団から組織された弓馬の精兵に源流をもち、十世紀に編成された弓射騎兵の党的軍事集団を直接の前提として、王朝国家・諸国衙の軍事警察機構と不可分の関係をもって登場したのである。

十一世紀に進行した地方社会における武士身分の認定が、国内武官の選任記録や国内有力豪族の家系を登録した「譜代図」を保管している国衙によってなされたと推定されていることも(石井進「中世成立期軍制研究の一視点」「院政時代」)、右のような武士成立過程と密接にかかわっている。

武士がこのように王朝国家による軍制改革の過程で登場したと理解すれば、武士は地方の農村から発展したという通念も疑ってみる必要があろう。

武士は都で発展した

最近、平安後期における武士の武装・武器・武芸を詳細に検討した高橋昌明氏の研究によれば、武士は意外にも都の貴族社会において発展したことが明らかになってきているのである（高橋昌明「武士を見なおす」「武士と王権」）。以下、高橋氏の論点に沿って、基本的な事実を押さえておこう。

まず、武士が着用する大鎧《おおよろい》であるが、これは天皇の周辺を固める近衛次将が着用する騎兵用の両当《りょうとう》系挂甲《けいこう》から発展したものと推定され、両脇の隙間を防御するための脇楯《わいだて》を付設し、さらに射向《いむけ》（弓手側＝敵を射る方向）の脇下の部分を胴につらねて一連の衡胴《かぶきどう》とすることなどにより、平安末期に京都の貴族社会のもとで完成したと考えられる[10]。

また、製造工程の面でも、威毛《おどしげ》の色彩や絵韋《えかわ》の文様、金物の意匠や造形などは、京都の専門的工人を中心とする技術水準を前提としたもので[11]、鎌倉後期においても、優秀な鎧の札の工房は京都にあったことが確認される（年月日未詳「金沢貞顕書状」〈金沢文庫文書、『鎌倉遺文』三八―二九二五八〉）。

狂言「よろい」において、「持料の鎧」の品評会をひかえた主人が太郎冠者《たろうかじゃ》に、「都へ登り、（鎧を）求めてこい」と命じていることも[12]（『大蔵虎寛本　能狂言』上巻）、京都が中世をつうじた武具生産・供給のセンターであったことを示している。

巻」より　田中家蔵）

つぎに弓であるが、古代の弓は、正倉院《しょうそういん》や春日《かすが》大社《たいしゃ》に伝存する自然木をそのまま利用した「丸木弓」や、梓《あずさ》・槻《つき》・柘《つげ》・檀《まゆみ》などの材木を削って製作した木弓であった[13]。

このような木製弓は、弾力が弱く深く引きしぼれないため、威力を増すためには長弓とならざるをえない。『延喜《えんぎ》式《しき》』では木弓の規格を「七尺六寸」＝約二三〇センチメートルと記している（『延喜式』巻四九「兵庫寮」）。

平安後期にはこうした木弓の改良がおこなわれ、弓の弾力性の向上をはかるため、背側に竹片を貼りあわせた合せ弓（ままき弓、伏竹《ふせだけ》弓）が考案された。

中世武士が使用した「滋籐《しげとう》の弓」は、木と竹の接着面がはがれないように籐を巻きつけたもので、この合せ弓から発展したが、じつは合せ弓は、十一世紀末から十二世紀初頭にかけて宮廷の

賭弓　天皇が左右近衛・兵衛の射技を見る行事である（「年中行事絵

正月行事である射礼《じゃらい》や賭射《のりゆみ》の儀式にまず出現する。弓も大鎧と同様に、貴族社会のなかで発展したものといえるのである。(14)

そしてさらに、馬上からの射芸＝騎射《うまゆみ》の武芸についても、貴族社会におけるその伝統は古い。五月五日の端午節会《たんごのせちえ》では、宮中において近衛府の武官を射手とする騎射が天皇臨席のもとでおこなわれた。

院政期にはその伝統を引いて、鳥羽《とば》城南寺《せいなんじ》祭《さい》や新日吉《いまひえ》社小五月会《しゃこさつきえ》で北面《ほくめん》の武士を射手とする流鏑馬行事が開催されているが、軍事貴族の正統であった源頼朝が、鎌倉の鶴岡八幡宮放生会《ほうじょうえ》に流鏑馬行事を取りいれたのも、じつはこの都の伝統的行事を継承したものであって（鴇田泉「流鏑馬行事の成立」「流鏑馬行事と鎌倉武士団」）、けっして東国社会で独自に発展してきたものではなかったのである。

以上のように見てくると、いかに武士が都の貴族社会と密接にかかわって発展してきたものであったかがよく理解できるだろう。

高橋昌明氏は、このような事実からさらに一歩踏みこんで、農村に生まれた武士が都の貴族社会を克服していくという歴史観が、文よりも武をたっとぶ近代日本の軍国主義的な社会通念を継承した側面があったとして、「はじめに」で紹介した戦後の石母田領主制論の近代史学史上における問題点までを指摘している。

職能的武士論の到達点は、いまや領主制論に基づくこれまでの歴史認識に大きな転換をせまっているのである。

武士の真骨頂──騎射と馳射

それでは、右に紹介してきた職能的武士論のもっとも基本的な視角である武士の職能、すなわち「弓馬の芸」＝「騎射」というものは、そもそもいったいどのような技術だったのだろうか。

そこでまず注意しておきたいのは、『貞丈雑記《ていじようざつき》』に「騎射と云うは歩射に対して云う也。すべて馬上にて射る流鏑馬・笠掛・小笠懸・犬追物などの惣名也。何にても馬上にて射るを云う也」（『新訂増補故実叢書　貞丈雑記』巻一二「武芸之部」）とあるように、「騎射」の語は、歩射の対義語にあたり、馬上でおこなう射芸一般の総称であったという点である。従来

馳射のようす　このような技芸に習熟した「兵」はごくかぎられた者たちであったことに注意しなければならない（「後三年合戦絵詞」より　東京国立博物館所蔵／Image:TNM Image Archives Source:http://TnmArchives.jp/）

の研究では、馬を走らせながら弓を引く武芸を「騎射」の語で表現してきたが、「騎射」は馬を静止させた状態での射芸も含んでいるのである。[15]

いっぽう、馬を走らせながら弓を引く武芸は、「騎射」のなかでも厳密には「馳射《はせゆみ》」とよばれたようである。十世紀に源 順《みなもとのしたごう》が撰した『和名類《わみょうるい》聚抄《じゅうしょう》』には、「射芸」として「馳射」が「騎射」から独立して立項されている（『和名類聚抄』巻四「術芸部」）。

またすでに引用した『新猿楽記』でも、「天下第一の武者」勲藤次の武芸を、「合戦・夜討・馳射・待射・照射・歩射・騎射・笠懸・流鏑馬・八的・三々九・手挟等の上手なり」と記し、やはり「馳射」は「騎射」と区別されているのである。

武士の職能とされた「弓馬の芸」が、「騎射」のなかでも、とくに馬を走らせながら弓を引くこの「馳射」に真骨頂があったことは、東国の群党蜂起に対処しうる弓射騎兵の機動軍として、武士が成立してきたことからも明らかであろう。そしてこれまでたびたび言及してきたとおり、この「馳射」に基づく戦闘形態が、「馳組み」戦とよばれたのである。

重さは二〇キログラム以上——大鎧の構造

ところで、先にも少し触れた大鎧は、このような武士の「馳射」の職能に即した構造をもっていたことに注意しておきたい(16)。

まず大鎧の主要部分は、札《さね》とよばれる煉革《いためかわ》製（つき固めた牛革）や鉄製の小片を横に綴《と》じあわせて札板をつくり、組糸や韋緒《かわお》などで札板を上下に連結する（これを威《おどし》という）ことによって構成されている。

札は鎧の最も基本的な構成要素であり、この札の良否が鎧の良否を決定するといっても過言ではない。堅牢な鎧のことを「札よき鎧(17)」（『平家物語』巻第九「木曾最期」）とよんだのもそのためであって、鎌倉後期でも札の優秀な工房が京都にあったことは前述したとおりである。

さて、大鎧は兜・胴・脇楯《わいだて》・大袖・栴檀板《せんだんのいた》・鳩尾板《きゆうびのいた》の部品から成りたっているが、それぞ

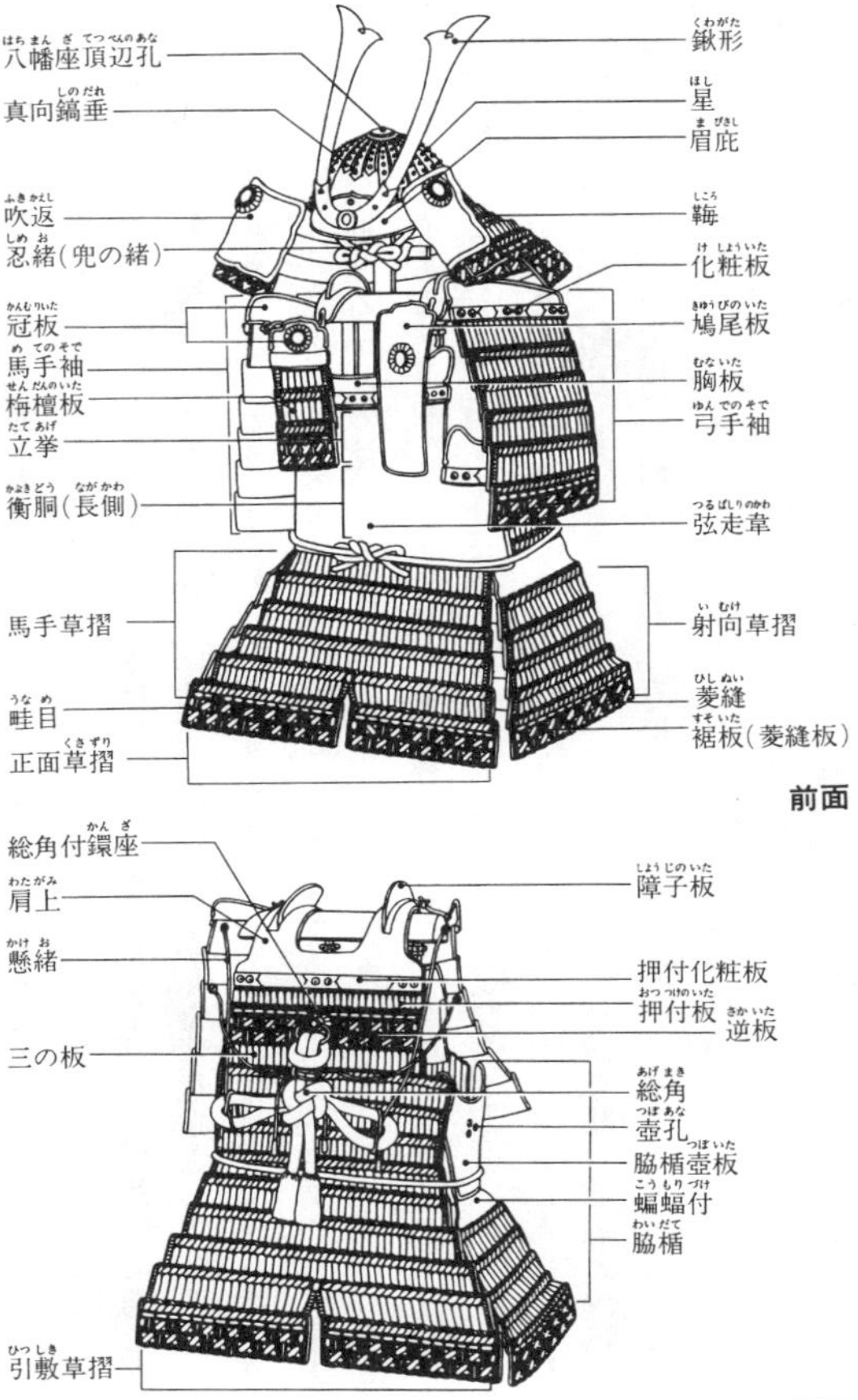
八幡《はちまん》座《ざ》頂辺孔《てつぺんのあな》
鍬形《くわがた》
真向鎬垂《しのだれ》
星《ほし》
眉庇《まびさし》
吹返《ふきかえし》
𩊱《しころ》
忍緒《しめお》(兜の緒)
化粧板《けしょういた》
冠板《かんむりいた》
鳩尾板《きゅうびのいた》
馬手袖《めてのそで》
栴檀板《せんだんのいた》
胸板《むないた》
弓手袖《ゆんでのそで》
立挙《たてあげ》
衡胴《かぶきどう》(長側《ながかわ》)
弦走韋《つるばしりのかわ》
馬手草摺
射向《いむけ》草摺
菱縫《ひしぬい》
畦目《うなめ》
裾板《すそいた》(菱縫板)
正面草摺《くさずり》
前面
総角付鐶座《かんざ》
障子板《しょうじのいた》
肩上《わたがみ》
懸緒《かけお》
押付化粧板
押付板《おつつけのいた》
逆板《さかいた》
三の板
総角《あげまき》
壺孔《つぼあな》
脇楯壺板《つぼいた》
蝙蝠付《こうもりづけ》
脇楯《わいだて》
引敷《ひっしき》草摺
背面

大鎧図解

れ「馳射」を意識した構造でつくられている。

たとえば、胴の前面に張られている弦走韋《つるばしり》は、引きしぼった弓を放ったさいの弓弦の走りをよくするための装置であるし、胸の両脇の隙間を防ぐ栴檀板と鳩尾板は、左胸脇の鳩尾板が一枚板であるのにたいして、右胸脇の栴檀板は小札板を威し下げて、屈伸性のあるものに工夫されており、矢をつがえ弓を引きしぼる右手の運動に即した形状となっている。

また「射向《いむけ》の袖」（弓手《ゆんで》の袖、左腕）と「馬手《めて》の袖」（右腕）の大袖は、肩から腕の部分を覆いかくして、手楯にかわる機能を有しており、さらに腰のまわりの四枚の草摺《くさずり》（胴と脇楯の腰下）は、裾ひろがりの箱形を形成し、騎乗すると大腿部は完全に保護されることになる。重厚かつ華麗な大鎧は、このように「馳組み」戦を想定して楯の機能を鎧のなかに吸収し、「馳射」がスムーズにおこなえるよう工夫されたものだったのである。

なお、大鎧はその高度な防御性のために、重量は二二～二六キログラムにもなる。徒歩立ちの戦闘ではとても耐えうる重さではないが、馬上では前後の草摺を鞍《くら》の前輪《まえわ》と後輪《しずわ》に覆いかけ、鎧の胴の重量を馬に負担させるしくみになっていた。その意味でも、大鎧はあくまで「馳組み」用の鎧であり、軽便な「腹巻」のように徒歩立ちで動きがとれる鎧ではけっしてなかったのである。(18)

「馳組み」戦の心得

では、こうして大鎧の構造にも反映されている「馳射」「馳組み」とは、いかなる戦闘技術であったのだろうか。

ここで想起していただきたいのは、前節で紹介した老武者三浦真光のことばである。和田義盛が「楯突き軍《いくさ》は度々したれども、馳組み軍はこれこそ初めなれ。何様にあうべきぞ」と、「馳組み」戦の故実を尋ねたのにたいして、真光は敵の馬を射たり、組打ちになる戦闘法の流行を嘆く前に、「馳組み」戦の心得をつぎのように語っていた。

①　戦場では、敵も自分も、相手を弓手の側に誘いこもうとするものだ。
②　弦のゆるんだ弓を引いてはならぬ。
③　鎧を構成する札と札との継ぎ目にできる隙間を敵から狙われないように、絶えず鎧をゆり上げて隙間をなくせ。
④　兜の内側を敵に射られないように注意せよ。
⑤　むだ矢を射てはならぬ。弓につがえた矢は慎重に射よ。
⑥　矢を一本放ったら、急いで次の矢を弓につがえよ。
⑦　敵の「内甲」（兜の内側、とくに額）に狙いを定めて矢を射よ。

真光が義盛に語った①から⑦までの心得は、「馳組み」戦における攻撃と防御双方の戦闘技術を具体的に示している。①は馬術、③④は馬上での防御態勢、②⑤⑥⑦は攻撃の射芸にかんする忠告である。

そのなかでも、とくにいま注目しておきたいのは、①の、敵を弓手の側（弓をもつ左手側）に誘いこむという技術である。

じっさいに馬にまたがっているつもりで、弓を引くポーズをとっていただくとわかりやすいように、馬上から弓を引く場合、弓は右手で引きしぼるから、当然弓手（左手）方向にいる敵を射るのがもっとも適合的である。

逆に、妻手《めて》（右手）方向は、馬上でよほど体をねじったとしても、弓を引きしぼることができず、攻撃の死角となる。したがって、敵の右手側に自分をおき、敵を左手側に見る位置、つまり、同一の進行方向で敵の右側にすばやく接近するのが、「馳組み」戦ではもっとも有利な位置関係になるのである。

真光が「軍にあうは、敵も弓手、我も弓手に逢わんとするなり」と語っているのは、じつはこのような有利な位置関係をめぐって、騎馬武者同士の馬の馳せめぐらしあいがあったことを示している。

本章冒頭で見たように、『今昔物語集』には互いに馳せ違いざまに矢を放つ理想的「兵」像が描かれていたが、生死を分かつじっさいの戦場では、それほど正々堂々としたものでも、また単純なものでもなかったのである。

第二章　「弓馬の道」の実相

1　壮士等耳底に留むべし

大庭景能の体験談

治承・寿永の内乱が終息し、「天下《てんか》落居《らっきょ》」が訪れていた建久二年（一一九一）八月、武家古老として鎌倉幕府内で重きをなした大庭《おおば》景能《かげよし》が、頼朝の新亭で御家人《ごけにん》たちを前に、保元《ほうげん》の乱（一一五六年）におけるみずからの体験と教訓をつぎのように語っている。

景能《（大庭）》は保元合戦の事を語る。この間申して云わく、勇士の用意すべきは武具なり。就中《なかんずく》に、縮め用うべきは、弓箭《きゅうせん》の寸尺なり。鎮西八郎《（源為朝）》は、わが朝無双の弓矢の達者なり。しかれども弓箭の寸法を案ずるに、その涯分に過ぎたるか。その故は、大炊御門の河原において、景能八男《（為朝）》が弓手に逢う。八男弓を引かんと欲す。景能潜かにおもえらく、貴客は鎮西より出で給うの間、騎馬の時、弓いささか心に任せざるか。景能は東国においてよく馬に馴るなりてえれば、すなわち八男が妻手に馳せ廻るの時、綷《こと》相違い、弓の下を越ゆるに及びて、身に中《あた》るべきの矢、膝に中り訖《おわ》んぬ。この故実を存ぜずば、たちまちに命を失うべきか。勇士はただ騎馬に達すべき事なり。壮士等耳底に留むべし。老翁の説、嘲哢《ちょうろう》するなかれと云々。常胤《(千葉)》已下《いげ》当座皆甘心《かんしん》す。また御感の仰せを蒙《こうむ》ると云々。

（『吾妻鏡』建久二年八月一日条）

この発言によると、景能は保元合戦のさい、大炊御門《おおいみかど》の河原において大弓の名手鎮西八郎《ちんぜいはちろう》為朝《ためとも》の弓手（左手）側で遭遇してしまった。

為朝はここぞとばかりに弓を引きしぼったが、その瞬間、景能がとっさに思いうかべたのは、為朝は鎮西（九州）に居住していたのだから馳射は不慣れであろうが、自分は東国でじゅうぶん馬に馴れているということであった。

そこで景能は、即座に為朝の妻手側に馬を駆けめぐらしたところ、弓の下を越えるとき、身にあたるはずの矢が膝にあたっただけで助かった。もしこの故実を知らなければ、必ずや命を失ったであろう、と述べているのである。

教訓は二つ

この保元合戦の体験談で、景能は二つの教訓を語っている。

一つは「勇士の用意すべきは武具なり」と語っている内容で、源為朝が景能を射損じた要因は、その弓が長大に過ぎたためであり、騎馬武者の「弓箭の寸尺」は、馬上であつかいやすいよう短めのものが良いと主張している点である。

平安後期に合せ弓が出現して威力を増したことは前述のとおりであるが、そうした改良を前提にして、馬上の弓は短めのものが使用されるようになったと推測されよう（なお標準の長さは、依然「七尺三寸」＝約二二一センチメートルもあった〈鈴木敬三『新訂増補故実叢書　武装図説』、森俊男「弓矢の威力」「弓矢の発達」〉）。

そして、二つめの教訓として語っていることは、先の三浦真光が述べた心得とも共通するもので、「勇士はただ騎馬に達すべき事なり」という点である。

為朝が景能を射損じることとなったもう一つの要因は、景能が馬術に熟練し、為朝の弓手側で遭遇してもすばやく妻手側に馬を廻りこませることができたからであった。

馬に不慣れな為朝は、この機敏な動きに対応することができなかったのである。景能が主張するように、「馳組み」戦ではこのように自在に馬をあやつれる高度な馬術が必要不可欠であった。

驚くほどの至近距離——合戦の実態

「馳組み」戦における馬術の重要性は、じつは弓の有効射程距離の問題とも密接にかかわっている。

森俊男《もりとしお》氏によれば、現代の射手が射る矢の初速は、上級者で毎秒六〇メートルぐらいであり、定角の鏃《やじり》を使用したばあい、初速の威力を保ちつつ、かつ発射時の矢の振動が減衰するもっとも効果的な射程距離（鎧や兜などの堅物を射貫く距離）は、七、八間の距離（約一三〜一四メートル）であるという（森俊男前掲論文）。

馬上で使った弓が短めであったとすれば、なおさらのこと初速の威力に依存し、近づくことになろう。敵を射落とすことを目的とする「馳組み」戦は、私たちが想像するのとは違って、驚くほどの至近距離から戦われていたのである(1)。

とすれば、いかに当時の戦闘技術において馬術が大きな比重を占めていたかは容易に理解されよう。敵を弓手に見たときは、すばやく至近距離まで突進し、逆に敵の弓手に位置して狙われたときには、とっさに敵の妻手に廻りこむか、馬を駆けて遠ざかる。このような、弓の有効射程距離と位置関係を計算して動ける熟練した馬術が、正確な射芸以前の技能として武士には要求されていたのである。

いくら高度な射芸を身につけていたとしても、馬の進路と走りかた一つで、なす術《すべ》もなく敵の矢だけを浴びる事態を招きかねないのであった。

その意味で、大庭景能の「勇士はただ騎馬に達すべき事なり。壮士等耳底に留むべし。老翁の説、嘲哢するなかれ」という忠告は、実戦の体験に基づく的確なアドバイスであったと判断されよう。

『平家物語』は、元暦《げんりゃく》二年（一一八五）二月、屋島に向かう源義経《みなもとのよしつね》と梶原景時《かじわらかげとき》との間で有名な逆櫓《さかろ》論争を描いているが、そこで景時は兵船における逆櫓の必要性を、陸上の戦闘を例にとって、「陸の軍は、早走りの逸物の曲進退《きょくしんたい》なる馬に乗って、蒐《か》けんと思えば駆け、引かんと思えば引く、弓手へも妻手へも廻れ、安き事にて候」（『延慶本平家物語』第六本「判官与梶原逆櫓立論事」）と説得したと記している。馬はこうして進退自由に乗りこなすことによって、はじめてその真価を発揮することができたのである（山本幸司「合戦における文化対立」）。

2　馬をめぐる諸問題

大きさはポニーなみ

さて、このように考えてくると、つぎに気になるところは、中世における在来馬の実態である。

というのも、私たちがドラマや映画でよく目にする騎馬武者の馬は、サラブレッドやアングロアラブなどの洋種馬が使われており、中世の実態とはかけ離れていると考えられるからである。

骨の種類	分　布	平均値
中手骨（38例）	121〜139㎝	130.9㎝
中足骨（34例）	109〜138㎝	130.1㎝
橈《とう》　骨《こつ》（26例）	117〜136㎝	128.7㎝
脛　骨（26例）	109〜140㎝	127.4㎝
上腕骨（３例）	119〜139㎝	128.5㎝
大腿骨（１例）	128.1㎝	――

表１　各四肢骨から推定される軍馬の体高

まず最初に問題となるのは、その大きさである。

一九五三年、東京大学理学部人類学教室を中心に発掘調査がおこなわれた鎌倉市の材木座《ざいもくざ》遺跡では、元弘《げんこう》三年（一三三三）五月の新田《にった》義貞《よしさだ》による鎌倉攻めの戦死者（その前後の戦闘での死者を若干含む）と推定される五百五十六体の人骨と、多数の軍馬の馬骨が発見された（日本人類学会編『鎌倉材木座発見の中世遺跡とその人骨』）。

これらの馬骨を分析した林田重幸《はやしだしげゆき》氏は、各四肢骨の最大長から当時の軍馬の推定体高（背中のもっとも高い部分から地面までの垂直距離）を算出し、表1のような結果を報告している（林田重幸「中世日本の馬について」『日本在来馬の系統に関する研究』）。

これらを一括すると、体高は一〇九〜一四〇センチメートルの間に分布し、平均では一二九・五センチメートル、そのうちもっとも多いのは一二六〜一三六センチメートルの範囲となる。

このデータから、中世の軍馬の多くが日本の在来種の中型馬、今日の木曾馬《きそうま》・御崎馬《みさきうま》・北海道和種に相当する大きさであり、なかには一二一センチメートル以下のトカラ馬のような小型馬も含まれていたことが、明らかとなったのである。

　これらは軍馬であるから、とうぜん一般馬はもっと小さかったはずであるが、それにしてもこれらを現在の馬の分類にあてはめると、すべてが一四ハンズ二インチ（一四八センチメートル）以下の馬、つまり今日でいう「ポニー」に相当してしまう。

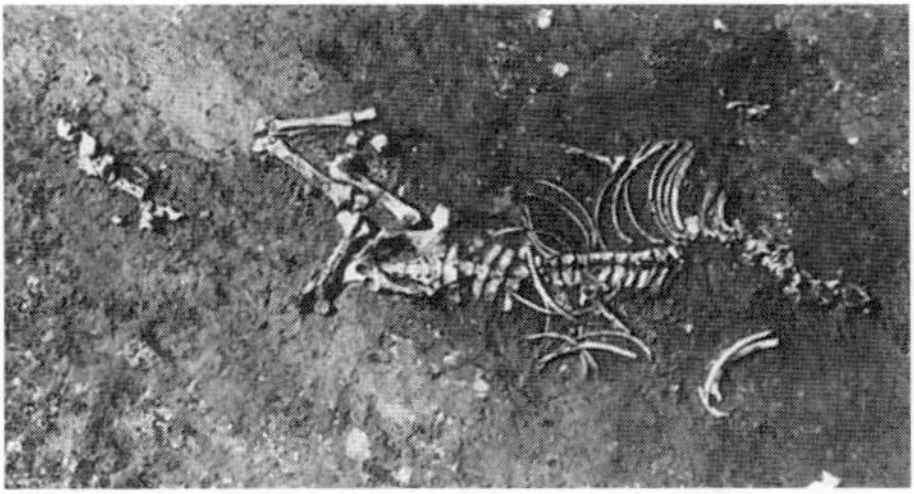

鎌倉市御成小学校内南側武家屋敷跡の東門外でみつかった、解体途中の馬の骨格　左端にある骨は前肢で、頭骨は右の方に４メートルほど離れたところから出土した。頸椎には鋸でひいたあとも見られた。体高140センチメートルほどであるから、名馬の条件を有する大格馬である

上野動物園にやってきた木曾馬の子馬

末崎真澄《すえざきますみ》氏の紹介によれば、私たちが馬と聞くとすぐ頭に浮かぶサラブレッドの体高は、およそ一六〇～一六五センチメートルで、体重も四五〇～五五〇キログラムであるのにたいし、中世軍馬に相当する木曾馬・御崎馬・北海道和種の体重は、二八〇キログラム前後にとどまるのである（末崎真澄「源平期の馬の実際」「源平期の馬の実像」）。

軍記物語に見える名馬

では、中世の軍記物語では、かかる軍馬はどのように描かれているのだろうか。まず馬の体高の表記については、文安《ぶんあん》三年（一四四六）に行誉《ぎょうよ》によって編纂された『壒嚢鈔《あいのうしょう》』に、

馬尺と云うは、四尺を定めて其の上を一寸二寸三寸四寸五寸六寸七寸八寸と云う。八寸に余るをば長に余ると云う。長に余る大馬も多きにや、生食《いけづき》は五尺二寸ありける也。四尺に足らぬをば駒と云う。

（『壒嚢鈔』巻一）

とあり、四尺（約一二一センチメートル）を基準にして、一寸・二寸とだけ表記していたことがうかがえる。また、江戸末期に屋代弘賢《やしろひろかた》らによって編纂された『古今要覧稿《ここんようらんこう》』にも、

凡《およ》そ馬のたけは四尺を定めとす。されば四尺あるをば尺といい、それより一寸《すん》高きをば一

寸《き》という。二寸あるをば二寸という。……四尺の馬をば世のつねの馬とするがゆえに是を小馬といい、四尺五寸あるを中馬といい、五尺を大馬という。

（『古今要覧稿』巻五一〇「禽獣部　馬二」）

と記されており、「世のつね」とされる四尺（約一二一センチメートル）の馬を小馬、四尺五寸（約一三六センチメートル）の馬を中馬、五尺（約一五二センチメートル）の馬を大馬とよんだことが知られる。

これをふまえたうえで、『平家物語』や『源平盛《げんぺいじょう》衰記《すいき》』において、「太く逞しき」馬として描写されている源平合戦の名馬の体高を調べてみれば、表2のようになる。(2)

これを見れば、名だたる軍馬は四尺六寸〜四尺八寸の体高を有しており、当時においては、一四〇センチメートルを超えるぐらいのものが名馬とよばれていたことがうかがえよう。

所有者	馬の名	体　高	メートル法換算
源　義経	「青海波《せいがいは》」	7寸	約142㎝
同　　上	「大夫黒《たいふぐろ》」	6寸	約139㎝
源　範頼	「月《つき》　輪《のわ》」	7寸2分	約143㎝
和田義盛	「白《しら》　浪《なみ》」	7寸5分	約144㎝
畠山重忠	「秩父鹿毛《ちちぶかげ》」	7寸8分	約145㎝
佐奈田与一	「夕《ゆう》　貌《がお》」	7寸余	約142㎝
佐々木高綱	「生《いけ》　飡《づき》」	8寸	約145㎝
平山季重	「目糟毛《めかすげ》」	7寸余	約142㎝

表2　源平合戦にあらわれる「名馬」の体高

前述した鎌倉市材木座遺跡の馬骨による推定体高では、最大のものでも一四〇センチメートルであったから、これでもやや誇張が含まれているといえなくもないが、いずれにせよ、それくらいもあれば大格馬として珍重されたであろう。したがって、一般武士が騎乗した馬はこれより小さく、材木座遺跡のデータが示すように、一二六〜一三六センチメートルの範囲が、当時の軍馬としては、ふつうの大きさであったと理解される。

『平家物語』と『吾妻鏡』はともに、寿永三年（一一八四）二月の生田の森・一の谷合戦において源義経が鵯越《ひよどりごえ》で「坂落し」の奇襲戦法をおこなったという物語を描いているが、『延慶本平家物語』や『源平盛衰記』には、そのさいに愛馬を傷つけまいとして、馬の前足を背負って徒歩で坂を下る畠山重忠の姿が描かれている（『延慶本平家物語』第五本「源氏三草山幷一谷追落事」、『源平盛衰記』巻三七「馬因縁」）。もちろん事実ではありえないが、こうした記述も中世軍馬の貧弱な馬格を前提としたものであろう。

上馬の多かる御館かな、武者の館とぞ覚えたる

中世の軍記物語において、名馬とよばれるものが一四〇センチメートルに達する馬格を有していたことは、右に見てきたとおりだが、名馬かどうかは何も大きさだけで決まったわけではない。

義経・範頼《のりより》以下の名馬を列挙した『源平盛衰記』は、それらの馬を「是らは皆、曲進退の逸物、六鈴沛艾《はいがい》の駿馬、強き事は獅子象の如く、早き事は吹く風の如し」と説明しており（『源平盛衰記』巻三四「東国兵馬汰」）、大きさはもちろんのこと、小まわりがきき、駿足をもち、勇猛な性質を有していることが、名馬の条件としては必要であった。

このような軍用に適する優良馬は、中世社会では「上馬《じょうめ》」ともよばれている。「上馬の多かる御館かな、武者の館とぞ覚えたる」と『梁塵秘抄《りょうじんひしょう》』にうたわれているように（『梁塵秘抄』巻二、三五二）、武士にとって上馬を確保することは、その職能をまっとうするうえできわめて重要な意味をもっていたのである。

しかし、たとえば先の材木座遺跡の分析結果が示していたように、当時の軍馬のなかには一二一センチメートル以下の小型馬までが含まれており、上馬の確保は必ずしも容易なことではなかったと推測される。このような状況のなかで、上馬をめぐり贈与・貸借・奪いあいという社会関係が生み出されてくることになる。

『平家物語』は、寿永三年（一一八四）一月に木曾義仲《きそよしなか》軍と鎌倉軍とが戦った宇治川《うじがわ》合戦において、佐々木高綱《ささきたかつな》と梶原景季《かげすえ》との間ではげしい先陣争いがあったことを伝えているが（『平家物語』巻第九「宇治川先陣」）、その背景に、出陣にさいして頼朝から高綱にあたえられた名馬「生飡《いけづき》」をめぐる両者の確執があったことは、あまりにも有名であろう。

『平家物語』ばかりではなく、鎌倉幕府の正史である『吾妻鏡《あずまかがみ》』にも、頼朝が御家人に「秘蔵御馬」をあたえている記事がたびたび見えており(3)、武士への上馬の供給が、武家の棟梁《とうりょう》に期待された一つの重要な機能であったと判断される。

源平両氏が上馬の産地である奥州や東国と密接な交渉をもち、独自の流通ルートをつくろうとしたことも、それが武士を結集する武家の棟梁としての存立条件に密接にかかわっていたからであった（野口実『武家の棟梁の条件』）。

駿馬をお借りしたい——鹿岡の書簡

そしてまた、上馬の貸借関係も一般的に展開している。十世紀末から十一世紀初頭にかけて成立したと推定される『高山寺《こうざんじ》本古《ぼんこ》往来《おうらい》』（高山寺典籍文書綜合調査団編『高山寺本古往来・表白集』第二七・二八状）には、「射手の名」を得て、代々の国司に仕えてきた「鹿《か》岡《おか》」と名のる武士の書簡が収められている。

鹿岡はこの書簡で、きたる十九日から二十一日までの三日間、国司が国内の人を挙げて催す「大狩」が予定されているにもかかわらず、折あしく騎馬用の上馬が手許になかったため、ふだんから親交のあった邦算《ほうさん》という僧侶に、噂に聞く駿馬《しゅんめ》の借用を申し入れているのである(4)。

このような上馬の借用は、たとえば『平家物語』にも、源仲綱《なかつな》が所持した名馬「木の下」を平宗盛《むねもり》が執拗に借用しようとしたことが描かれており（『平家物語』巻第四「競」）、ひろくおこなわれていたものと思われる。

『高山寺本古往来』における鹿岡の書状の奥書には、従者の「食料」および馬の「芻料《まぐさりょう》」の名目で、酒二瓶・生栗四折櫃《おりびつ》・米三石・稲五駄を贈呈すると記されており、上馬を借りるためには、そうとう多額の贈り物が必要であったことも判明して興味ぶかい。

愛馬を殺せなかった知盛

さらに、馬の奪取については、それがもっとも激しく展開するのは戦場である。三浦一族が小坪坂において畠山重忠の軍勢と遭遇したさい、和田《わだ》義茂《よしもち》は「畠山が陣を懸け破りて、強き馬共少々奪い取りて行かばや」と語ったと伝えられているが（『延慶本平家物語』第二末「小壺坂合戦之事」）、こうした戦場での敵の上馬の奪取は、それが直接味方の軍事力増強につながるだけに熾烈《しれつ》であった。

元暦二年（一一八五）一月、頼朝は平氏追討のために鎮西に下向した源範頼の要請を入れて、兵粮米《ひょうろうまい》と兵船を東国から送っているが、馬にかんしてだけは輸送の途中で平氏軍に奪取されることを懸念して、これを拒否している（『吾妻鏡』元暦二年一月六日条）。

また、生田の森・一の谷合戦から敗走する平氏軍の兵船に平知盛《とももり》の愛馬を乗せる余地がなく、敵の手に渡すまいと射殺そうとする阿波民部《あわのみんぶ》成良《しげよし》を、知盛が押しとどめたとする『平家物語』の一節も（『延慶本平家物語』第五本「新中納言落給事付武蔵守被討給事」）、このような戦場における馬の争奪を前提に、それでもなお愛馬を殺せなかった知盛の矛盾した心情を読みとるべきであろう。ちなみに、これは木下順二《きのしたじゅんじ》氏の戯曲『子午線《しごせん》の祀《まつ》り』の冒頭に登場する印象的な場面である（木下順二『木下順二集8　「子午線の祀り」とその世界』）。

悪馬の条件

ところで、『高山寺本古往来』には、上馬の借用を申し出た鹿岡の書状にたいする、僧邦算の断り状も収められている（『高山寺本古往来・表白集』第二九状）。邦算は、まず鹿岡が聞きおよんだという「無上の走馬」三匹について、つぎのように述べている。

「尾白《おしろ》」という馬は、合わない鞍を置いて人と荷物を乗せたため、肩の下が腫れあがり、厩《うまや》につないだままとなっており、「柑子色《こうじいろ》」という馬は、自分の弟が無断で乗って近江《おうみ》までおもむき、昼夜乗りまわしたので、疲労しきっているうえに、後肢の左内股にけがをし、背中はただれてしまっている。さらに「鶴駮《つるぶち》」という馬は、もとは上馬であったが、いまは年老いて野駆けには使えず、わずかに自分の騎用にあてているばかりである。

邦算は以上のように上馬の貸せない理由を述べたのち、別の馬なら貸すこともできるが、その馬には「五咎」があるといって、五点の欠陥を大げさに数え立てている。

① 一段（約一一メートル）を走るうちに百回もつまずいて、乗っている人を衆人の前でふり落とし騒がせる。

②　射るべき獲物に逢っても、追いつけない。たとえ鞭《むち》で「箒《は》くが如くに」馬を打っても、けっして動き走ろうとしない。
③　野に生えている藤葛《ふじかずら》のつるに足をひっかけ倒れてばかりいるが、これは年老いて力がないためである。
④　どうにか鞭を打って走らせても、獲物に追いついて弓を引こうとすると、とたんに立ち止まってしまい、それに近づこうとしない。
⑤　風にあおられる草のようすに驚いて、竿立《さおだ》ちになって引きかえそうとするので、そのたびごとに乗手を落としてしまう。

いくら断り状とはいっても、ここに示されている欠陥は、名だたる「国の兵」であった鹿岡にたいする返答としてはいかにも人を食っており、じっさいに送られた返書と考えることはとうていできないであろう。

おそらくこれは、戸田芳実氏が指摘したように、「人を面白がらせながら走馬に関する知識と用語を理解させようとする、往来物編さんのための創作」と理解すべきであり、この悪馬の条件の逆、すなわち「草木の繁る山野で、なにものにもつまずかず、おそれず、敏捷に逃げ走る獲物を矢の十分とどくところまで追いつめる駿足をもつこと」が、上馬（走り馬）に要求された一般的条件であったと思われる（戸田芳実『中世の神仏と古道』一一ページ）。

ＮＨＫの実験

ただし在来馬の疾走は、たとえ上馬であったとしても、私たちが想像するよりはるかにスピードが遅く、また短距離・短時間で限界に達してしまうことに注意しておく必要があろう。たとえば、サラブレッドの疾走が時速六〇キロメートルを超えるのにたいして、木曾馬は時速四〇キロメートルにおよばないのである（末崎真澄前掲論文）。これが戦場におもむく軍馬の場合は、大鎧一式・武器・鞍・人間を合わせて九〇キログラム以上の重みがかかるわけであるから、なおさらである(5)。

ＮＨＫの番組『歴史への招待』のスタッフは、「義経騎馬軍団」を放映するさいに、馬の疾走にかんする興味ぶかい実験をおこなっている（「義経騎馬軍団」）。

実験の馬には、体高一三〇センチメートル、体重三五〇キログラムの中世軍馬に近いものを選び、大鎧や鞍などの重量にあたる四五キログラムの砂袋をくりつけたうえで、ある大学の馬術部員が騎乗して、そのスピードと走行時間について調査したのである。

馬術部員の話では、この馬は駈歩《かけあし》（馬が跳躍するように走って、四肢が宙に浮く瞬間がある歩様）から、すぐに速歩《はやあし》（斜めに向かいあう二肢が一組となって一緒に動き、それが交互に繰りかえされる歩様）に落ちてしまったという。ふつう、駈歩は分速で約三〇〇メートルであるが、実験馬は分速一五〇メートルにしか達せず、乗馬して十分後には大きく首をふり、やっと走っているという状態になって、実験を終了している。

まさに駆けひき

もちろん、馬の個体差は大きく、中世でも軍馬には「走り馬」が意識的に選択され、また日常的にも訓練がおこなわれていたと考えられるから、この実験結果がそのまま中世軍馬の実像を示すとはかぎらない。

しかし、いかに上馬が全力疾走しようとも、サラブレッドのスピード感とは比べものにならず、しかも全力疾走できるのは、現在の競走馬でもほんの二〇〇〜三〇〇メートルの距離に限定されていることを見落としてはならないであろう。戦場において、騎馬武者に随行する徒歩立ちの従者が後方からついてこられるのもそのためであって、長時間、馬で戦場を駆け廻るというイメージは幻想にすぎないのである。

とすれば、馬の全力疾走の限界を指摘した坂内誠一《さかうちせいいち》氏が、現在の長距離レースにおいて、どの時点で馬に力を出させるかという騎手の駆けひきを喩《たと》えにしたように（坂内誠一「戦いと馬」）、戦場でもまさに同じ点で武士の力量が試されることになる。いつ、どこで馬を全力疾走させるかは、馬の進路方向の選択とともに、戦闘状況を読みとく騎馬武者の的確な情勢判断が必要とされたのである。

なお『延慶本平家物語』は、元暦二年（一一八五）二月の屋島合戦の一場面について、七騎の人々、馬の足をも休め、我身の息をも継がんとては、渚に寄せ置いたる舟の隠れに馳寄って、しばし息をも休めてければ、又馳出して名乗り係《か》けて散々に射る。

(『延慶本平家物語』第六本「八嶋ニ押寄合戦スル事」)


と描いており、騎馬隊が船の後ろで馬とともに、ときどき休憩をとりながら、戦闘に参加しているようすが見えておもしろい。

那須与一の扇の的

いっぽう、馬に乗りながらも、馬を走らせないで弓を引く騎射が、源平合戦には存在している。とくによく知られているのは、屋島合戦における那須与一《なすのよいち》の射芸であろう。

これは、平氏方兵船の舳先《へさき》に立てられた扇の的を、馬上の那須与一が海岸からみごとに射落としたという有名な逸話である。

『延慶本平家物語』によれば、与一から平氏の兵船の扇の的までは「五、六段」、すなわち約五五〜六五メートルの距離があったと伝えられている(『延慶本平家物語』第六本「余一助高扇射事」)。

この与一の扇射は、石井紫郎《いしいしろう》氏の指摘のように、一種の休戦状態のなかでおこなわれた

「いくさ占い」の儀礼であったと考えられ、与一の射芸に感じ入った平氏方のある老武者は、船上で舞いを披露することとなる。

しかし、一般にはあまり知られていないが、源義経の命を受けた与一は、つづけてこの老武者までも射殺してしまうのである。これは源平合戦において鎌倉方軍勢がおこなった露骨なルール違反の一つであった（石井紫郎「合戦と追捕」）。

それはさておき、最近、軍記物語に見える戦闘描写を詳しく検討した近藤好和《こんどうよしかず》氏は、このような那須与一の射芸などに注目して、治承・寿永内乱期における戦闘の一般的形態をつぎのように述べている（近藤好和「武器からみた内乱期の戦闘」）。

すなわち、この時期の戦闘はたとえ騎射戦であっても、それは「馳組み」戦ではなく、馬を疾走させずに、楯ごしに馬上から弓を引く形態が普遍的であって、馬への騎乗は大鎧の重さを託すことが主目的であり、これは合せ弓の出現によって飛距離が増し、遠矢が可能となったことに基づいていると主張したのである。

遠矢では勝敗は決まらない

たしかに、治承・寿永内乱期には、次章でも検討するように、楯を垣根のように横一列に並べた「掻楯《かいだて》」とよばれる軍事施設（当時の史料にあらわれる「城郭」の一つ）が一般的に構築されており、その後方から矢を射かける戦闘が『平家物語』にたびたび見られることは、かつて筆者も論じたことがある（川合康「治承・寿永の『戦争』と鎌倉幕府」）。

なぜこのような戦闘形態がひろく出現することになったのかは、次章で考察することにしたいが、しかし、こうした戦闘形態が、武士の騎射の本来的な在りかたであったとする近藤氏の見解には、どうしても賛成できないのである。

なぜなら、楯ごしに矢を射かけただけで戦闘が完結するのであれば、馬に乗る必要がないうえに、そもそも楯の機能を鎧のなかに吸収した大鎧も着用する必要がなく（大鎧がなぜ発生したのかという問題自体も解けない）、大鎧の重量を馬に託すために騎乗したという説明は説得力を欠いているように思われるからである。

馬が長距離を疾走できないことは明白であるが、やはり武士の表芸はいざというときの「馳射」の技術にあり、それだからこそ、三浦真光や大庭景能らによって、さまざまに「馳組み」戦の心得が語られていたのである。

那須与一の騎射術が、合せ弓の出現による飛距離の増大という弓の改良が前提となっていたことは、近藤氏の指摘するとおりであろう。だが、与一の射芸が敵味方を問わず絶賛されたと伝えられていることは、五〇～六〇メートルの距離からの正確な騎射がいかに技術的に困難だったかを明示しており、また矢の威力から考えても、こうした騎射術は勝敗を決する戦闘技術とはなりえなかったと理解されよう。

先にも触れたが『源平盛衰記』は、扇をみごとに射落とした与一にたいして、「狐矢《きつねや》」（流れ矢のまぐれあたり）ではなかったことを証明するために、舞いを披露している老武者までも射よと人びとが語ったことを記している（『源平盛衰記』巻四二「与一射扇」）。

これが事実かどうかは別として、『盛衰記』にこのような記述がなされていること自体、与一の射芸が、通常の武士の力量を超えた「神業《かみわざ》」的技能として、中世の人びとに認識されたことを示しているのである。

日々是れ鍛練——高度の専門性

以上、武士の芸能としての「馳射」や「馳組み」戦について、射芸と馬術の両面から検討してきた。右に検討してきたことを、簡単にまとめておこう。

① 中世武士の象徴ともいうべき大鎧は、「馳組み」戦を想定して、楯の機能を鎧のなかに吸収し、「馳射」がスムーズにおこなえるように工夫されたものであった。

② 「馳組み」戦では弓手側（左手側）の敵を射るのは容易であるが、逆に妻手側（右手側）は攻撃の死角となる。したがって、いかに敵をみずからの弓手側におき、みずからを敵の妻手側につけるか、という馬の馳せめぐらしあいが、戦場では重要なポイントとなった。

③ 敵を射落とすための弓の有効射程距離は、七、八間（約一三～一四メートル）という

至近距離であったため、攻撃するときにはこの距離まで突進し、狙われたときには、すばやく遠ざかるという馬術も、正確な射芸以前の技能として武士には要求されていた。

④　中世の在来馬は「名馬」とよばれるものでも、体高は一四〇センチメートル前後であり、これに大鎧一式・武器・人間を合わせて九〇キログラム以上の重量がかかるため、全力疾走できる距離はきわめて限定されていた。いつ、どこで馬を疾走させ、休憩をとらせるかは、②や③の点と密接にかかわり、戦闘状況を読みとく武士の的確な情勢判断が不可欠であった。

⑤　武士は職能をまっとうするうえで、大きさはもちろんのこと、小まわりがきき、駿足をもち、勇猛な性質を有する「上馬」を確保することが必要であったが、上馬の供給量は少なく、贈与・貸借・奪いあいという社会関係が展開していた。

これらのことをふまえると、武士の職能がいかに高度な専門性を有するものであったかは容易に推察することができよう。

一朝一夕には身につかない――武士の階層性

戦闘状況によって自在に馬をあやつり、不安定な馬上から弓を引く能力は、幼いころから馬に馴れ親しみ、狩猟や追物射（牛追物《うしおうもの》・犬追物《いぬおうもの》）などによって日常的に訓練を積むことがどうしても必要であったし、また馬を馳せながらつぎつぎと矢を繰りだす「矢継ぎ早」の技能を磨くには、流鏑馬による練習も欠くことができなかったと思われる（近藤好和「日本の弓矢」）。「馳射」の戦闘技術は、けっして一朝一夕に身につく技能ではなかったのである。

このような武士の職能の専門性は、上馬の供給量の少なさや高価な大鎧の自弁などの点も考慮すれば、さらに武士の階層性の問題にもつながっている。武具を揃え、上馬を軍馬として飼育し、「馳射」の芸を日常的に鍛錬できた階層は、京都と地方の所領群とを往来する有力な地域支配領主におのずと限定されていたと考えられるからである。

十一世紀には史料上に「兵の家」「武勇の家」「家を継ぎたる兵」などと見え、平安後期には武士身分が特定の家柄に固定されていたことが判明するが（河合正治「形成期武士階層とその精神的雰囲気」）、このことも高度な戦闘技術に規定された武士の専門性・階層性に由来するものと理解されよう。

それでは、このように高度に洗練された「馳組み」戦の形態は、前章で述べたように、なぜ源平合戦において変質し、敵の馬を射たり、組打ちになるような戦闘法がひろく流行するようになったのであろうか。

次節では、いよいよこの問題を、治承・寿永の内乱の性格から考えていくことにする。

3　戦闘様式はなぜ変化したのか

内乱は同時多発

源平合戦において戦闘様式の変化があらわれた要因を考えるうえで、まず注目しなければならない点は、この戦争が、「治承・寿永の内乱」という地域社会を巻きこんだ未曾有《みぞう》の規模の全国的内乱のなかで展開し、動員兵力が飛躍的に増加したという事実である。

いわゆる「源平合戦」として通常よく知られているのは、治承四年（一一八〇）四月に平氏打倒を諸国によびかけた以仁王《もちひとおう》・源頼政《よりまさ》の挙兵にはじまって、同年八月、伊豆における源頼朝の挙兵↓同年十月、東国の反乱軍が平氏軍を撃退した駿河《するが》国富士川合戦↓寿永二年（一一八三）五月、木曾義仲《きそよしなか》軍が北陸道で平氏軍を大敗させた越中《えっちゅう》国砺波山《となみやま》合戦（倶利伽羅峠《くりからとうげ》の戦い）↓寿永三年（一一八四）一月、入京する鎌倉軍（頼朝派遣軍）が義仲軍を敗走させた宇治川合戦↓同年二月、鎌倉軍が平氏軍を福原から追い落とした摂津《せっつ》国生田の森・一の谷合戦↓元暦二年（一一八五）二月、讃岐《さぬき》国屋島合戦↓同年三月、鎌倉軍が平氏一門を滅亡させた長門《ながと》国壇ノ浦合戦、という展開であろう。

しかし、これらの著名な合戦は、治承・寿永内乱期における戦争全体から見れば、そのなかの一部にすぎなかったことに注意する必要がある。

たとえば、内乱が勃発した治承四年（一一八〇）段階にかぎってみても、頼朝挙兵につづいて、八月末から九月には信濃《しなの》国で木曾義仲、甲斐《かい》国で甲斐源氏武田信義、紀伊《きい》国では熊野《くまの》別当湛増《べつとうたんぞう》らが蜂起している。

十一月には延暦寺堂衆《えんりゃくじどうしゅう》や園城寺衆徒《おんじょうじしゅと》と連携した近江源氏が、反乱諸勢力を組織して「近江騒動」とよばれる事態を引き起こし、美濃《みの》国の美濃源氏や若狭《わかさ》国の有力在庁もこれに同調する動きを見せている。

さらに十二月から翌治承五年にかけては興福寺《こうふくじ》衆徒と結んだ河内《かわち》石川源氏が蜂起し、遠く九州では肥後《ひご》国で菊池隆直《きくちたかなお》、豊後《ぶんご》国で緒方惟義《おがたこれよし》、四国でも土佐《とさ》国で源希義《まれよし》、伊予《いよ》国では河野《こうの》通清《みちきよ》を中心とする勢力が叛旗をひるがえしており、内乱は同時多発的形態をとって、またたく間に全国に拡大していったのである(7)。

この事態を見れば、治承・寿永内乱期の戦争を「源平」棟梁の争覇ととらえる伝統的思考が、いかに一面的なものであるかは明白であろう。

治承・寿永の内乱は、平氏軍制の展開によって地域社会に醸成された領主間競合に基づいて、全国各地でみずからの地域支配を実現しようとする大小さまざまな蜂起をよび起こしていったのであり（元木泰雄「平氏政権の崩壊」）、「源平」争乱として認識されるよりは、はるかに広範囲に、しかも地域社会レヴェルでの利害と深くかかわりながら展開したのである。

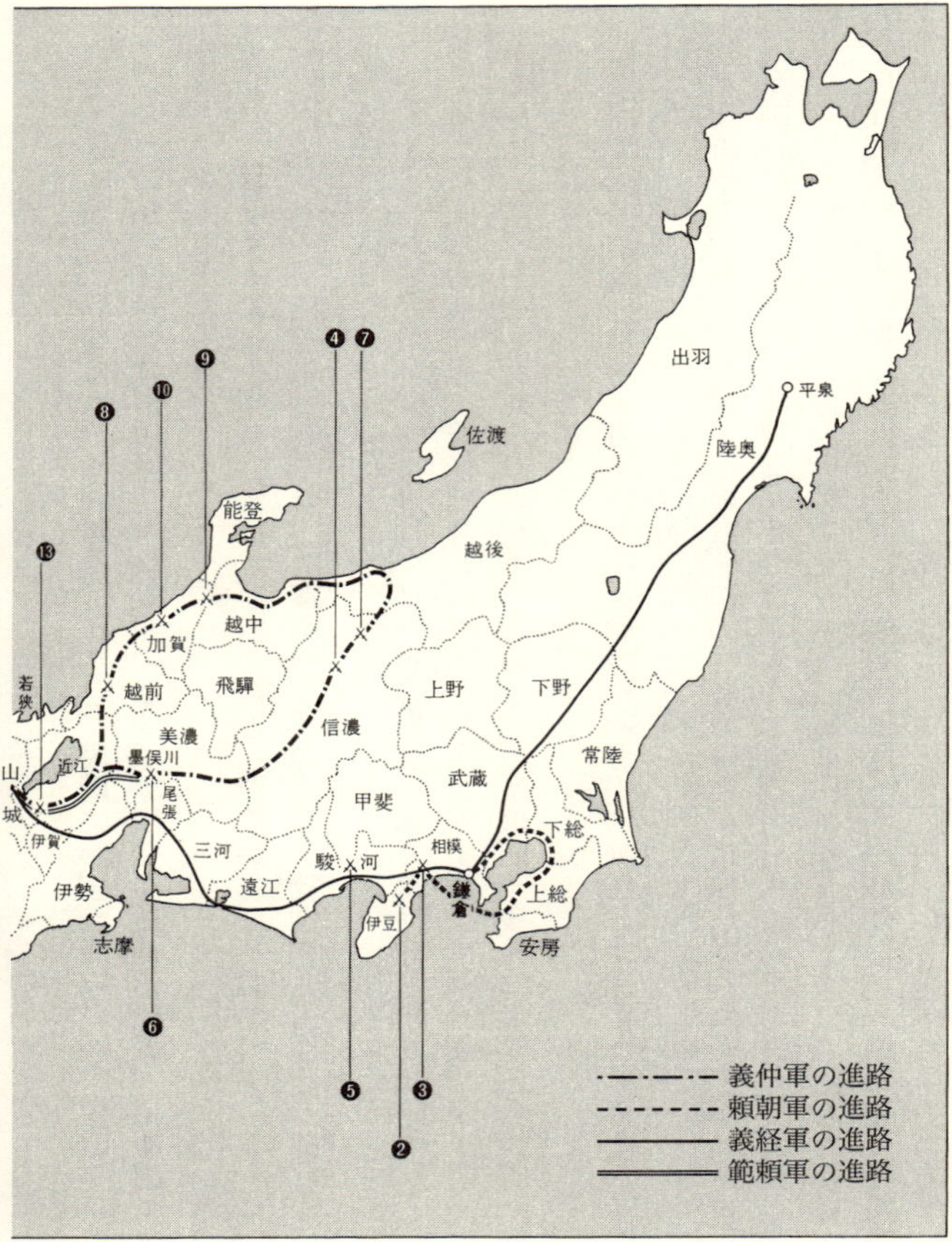

出羽
平泉
陸奥
佐渡
能登
越後
越中
加賀
越前
飛騨
若狭
美濃
信濃
上野
下野
常陸
墨俣川
近江
武蔵
山城
尾張
甲斐
伊賀
三河
下総
相模
駿河
遠江
鎌倉
上総
伊勢
伊豆
安房
志摩
義仲軍の進路
頼朝軍の進路
義経軍の進路
範頼軍の進路

合　戦　名	年　　代	合　戦　名	年　　代
❶以仁王の挙兵	1180年 (治承4)5月25～26日	❾砺波山《となみやま》（倶利伽羅峠）の戦い	1183年 (寿永2)　5月11日
❷頼朝挙兵	1180年 (治承4)　8月17日	❿篠原《しのはら》の戦い	1183年 (寿永2)　6月1日
❸石橋山の戦い	1180年 (治承4)8月23～24日	⓫水島《みずしま》の戦い	1183年 (寿永2)閏10月1日
❹義仲挙兵	1180年 (治承4)　9月7日	⓬室山《むろやま》の戦い	1183年 (寿永2)11月29日
❺富士川の戦い	1180年 (治承4)　10月20日	⓭義仲の最期	1184年 (寿永3)　1月20日
❻墨俣川《すのまたがわ》の戦い	1181年 (治承5)　3月10日	⓮生田の森・一の谷の戦い	1184年 (寿永3)　2月7日
❼横田河原《よこたがわら》の戦い	1181年 (治承5)　6月14日	⓯屋島の戦い	1185年 (元暦2)2月19～21日
❽火打《ひうちが》(燧)城《じょう》の戦い	1183年 (寿永2)　4月27日	⓰壇ノ浦の戦い	1185年 (元暦2)　3月24日

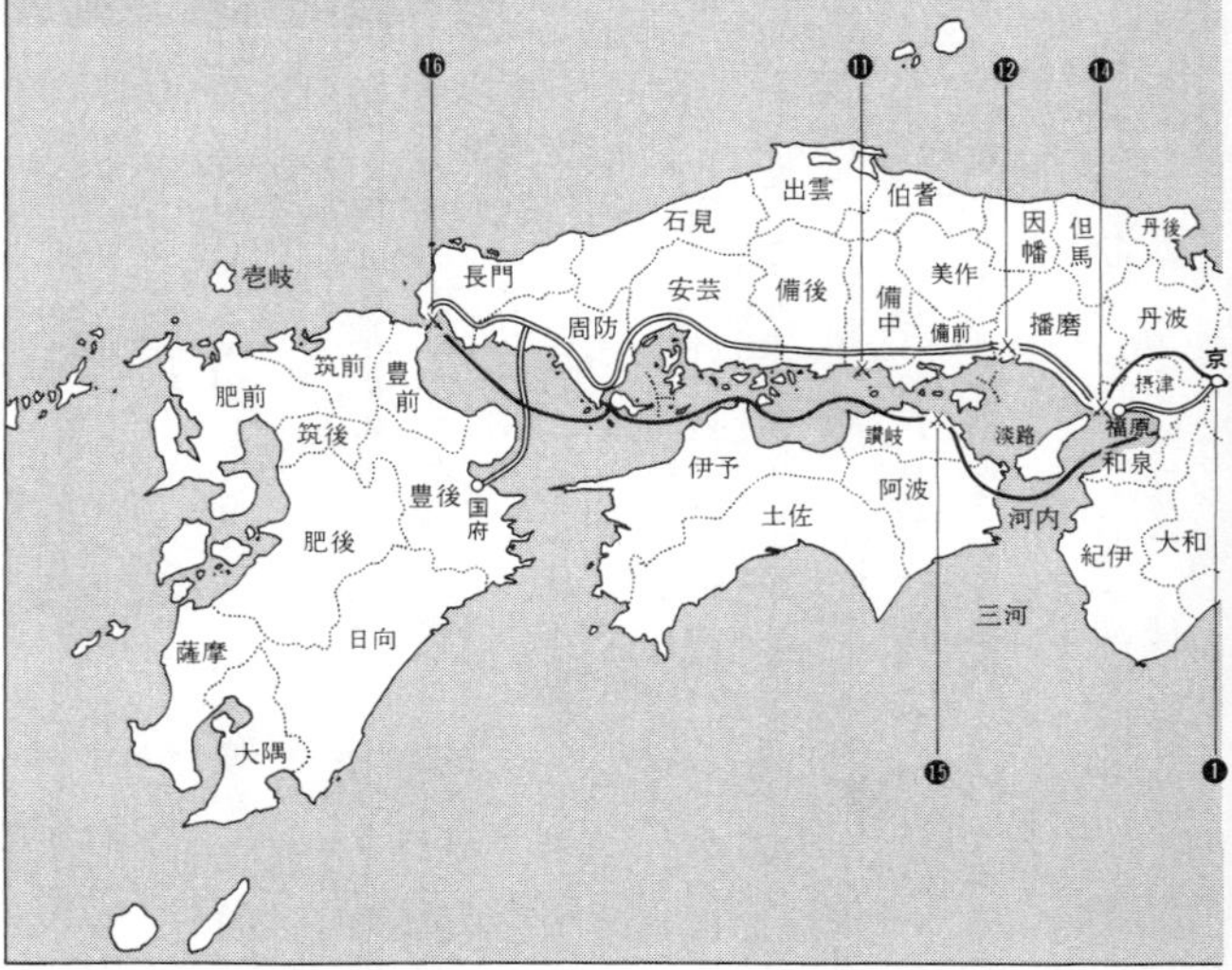

いわゆる「源平合戦」の経過

時には万を超える軍勢が

また動員兵力にかんしても、治承・寿永内乱期の戦争は、それ以前の戦争とは隔絶した規模で戦われた。内乱勃発時は別としても、東国や北陸において反乱諸勢力が連合・統合された段階では、信憑性の高い同時代の貴族の日記にしたがっても、数千騎規模から、時には万を超える軍勢が動員されている。

双方あわせて一千余騎にしかみたなかった保元・平治の乱と比べれば、(8)動員兵力の飛躍的増加は誰の目にも明らかであろう。治承・寿永の内乱がたんなる「源平」棟梁の争覇ではなかったがゆえに、こうした規模にまで膨れあがったのである。

しかし、この動員兵力の増加を評価することにかんしては、従来の研究ではむしろ消極的であったといえる。

というのも、たとえば、治承四年（一一八〇）十月の駿河富士川合戦における「官兵」＝平氏軍の兵数について、当時右大臣であった九条兼実《くじょうかねざね》の日記『玉葉《ぎょくよう》』治承四年十一月五日条には「四千騎」と記されているものが、『覚一本《かくいちぼん》平家物語』などでは「七万騎」と大きく誇張されており（巻第五「富士川」）、軍記物語の誇張された兵数が信用できない点にのみ注意が向けられ、「四千騎」という、じっさいの兵数が過小評価されてきたきらいがあるからである。

もちろん、ここに見られる「四千騎」の兵数は、「騎」と表現されていても、すべてが騎馬武者でも、また戦闘員でもあったわけではない。この兵数には、後述するような非戦闘員として動員された民衆までも含まれていたと推測される。近世の陣立書《じんだてがき》の分析では、軍隊総人数のうち戦闘員はわずか三分の一にすぎなかったことが指摘されており（高木昭作「『秀吉の平和』と武士の変質」）、この段階においても、戦闘員の人数は軍勢の総人数から相当差し引いて理解しなければならないであろう。

しかし、たとえそうであったにしても、一方の軍勢だけで千人を超える戦闘員が動員されたことは、けっして過小評価すべきものではない。そしてまた、寿永二年（一一八三）四月に北陸道の反乱鎮圧に向かった平氏軍の兵数は、『玉葉』の記事にしたがっても「四万余騎」と記されている（『玉葉』寿永二年六月五日条）。

繰りかえすが、時には万を超える軍勢が動員されていたことも事実なのである。この事実に目を向けなければ、つぎに検討するような、治承・寿永内乱期の戦争における重要な要素を見落とすことにもなりかねないと思われる。

河原兄弟――戦闘員の階層的拡大

「馳射」という高度な戦闘技術に規定されて、平安後期には武士身分が特定の家柄に固定されていたことは、すでに前節で指摘したとおりであるが、治承・寿永内乱期の戦争において、右に見たように未曾有の規模の大軍勢が動員されたとすれば、平安後期に固定化された武士身分だけでこの戦争の戦闘員が構成されていたとは、とうてい考えられないだろう。

では、このような大軍勢を構成する戦闘員は、いったいどのような者たちであったのだろうか。

そこで注目したいのは、治承・寿永内乱期の戦争においては、国衙軍制を構成した「国兵士」とよばれる正規の武士身分だけではなく、「器量に堪うる輩《ともがら》」とか「武器に足るの輩」とよばれた村落領主クラスの武装能力をもつ者までが、ひろく動員対象となっていた事実である(9)。

この「器量に堪うる輩」の動員は、たとえば『延慶本平家物語』などでも、「妹尾《せのお》の者共、物具・馬鞍・郎等をも持ちたる輩は、平家に付き奉りて屋島へ参りぬ。物具持たざる程の物は、妹尾に留まりてありける」(『延慶本平家物語』第四「兼康与木曾合戦スル事」)と描かれており、「物具」＝武具を有する者が根こそぎ動員された状況を示している。『平家物語』の生田の森・一の谷合戦のくだりには、「大名は我と手をおろさね共、家人の高名をもって名誉す。我らは自ら手をおろさずば叶いがたし」と述べて、下人にあとを託して先陣をきり、兄弟揃って討死した武蔵国の住人河原《かわら》兄弟の姿があざやかに描かれているが(『平家物語』巻第九「二度之懸」)、この河原兄弟のように、わずかな下人・所従を連れ、農耕馬に乗って出陣するような「小名」階層こそ、じつは治承・寿永内乱期の戦争に参加した戦闘員の大多数を占めていたのである(10)。

素人参加の戦争？

内乱勃発時には、「馳射」の武芸によって国衙や一宮《いちのみや》に代々奉仕してきたような武士身分の多くは平氏軍によって編成されていたと考えられる以上（野口実「平氏政権下における坂東武士団」、高橋昌明「武士を見なおす」「武士と王権」）、おそらくこうした階層の動員はまず反乱軍側でおこなわれ、「官兵」＝平氏軍がそれに対応するなかで、飛躍的に動員規模が拡大していったと推定できよう。

とすれば、この戦争で戦闘様式に明確な変化があらわれたのは、むしろ当然である。

いうまでもなく、中世社会においては農民に至るまで弓矢や腰刀などの武器を所有しており[11]、村落領主クラスともなれば、長刀や太刀、腹巻《はらまき》などは所持していたはずである。

しかし、武士の職能である「馳射」は、前述したように幼いころからの日常的鍛錬を不可欠とし、一朝一夕に身につく技術ではなかった点をふまえるならば、彼らは「馳組み」戦の戦闘技術にかんしては、まったく習熟していなかったと考えられるからである。

敵の馬を射て徒歩立ちで戦い、あるいは敵の妻手から馬ごとぶつかったり、馬上から組み落とし、格闘によって勝負を決めるという戦闘法の流行も、こうした戦闘員の階層的拡大のなかで顕在化したものだったといえよう。

治承・寿永内乱期の戦争が、保元・平治の乱のような一部の精鋭武士団同士の戦闘ではけっしてなく、「馳組み」戦に対応できないような軍勢が多数参加した戦争であったからこそ、三浦真光が嘆いたような戦闘様式の変化が現出したのである。

「士風」とは……

ところで、鎌倉幕府成立後、源頼朝が東国各地の狩倉《かりくら》で狩猟を大々的におこない、また流鏑馬や笠懸、追物射などをしばしば催して、「馳射」の武芸を盛んに奨励したことはよく知られていよう。

落とそうとする者など、このような戦闘
り　東京国立博物館所蔵／Image:TNM

たとえば元暦元年（一一八四）五月に、京都から鎌倉を訪れていた平頼盛《よりもり》に小笠懸を見物させたさいにも、頼朝は「これ士風なり。この儀にあらずば、他の見物あるべからず」と語り（『吾妻鏡』元暦元年五月十九日条）、東国における「士風」の高揚を誇示している。

従来は、このような頼朝の「馳射」奨励政策に注目して、鎌倉初期

合戦のようす①　馬を射られて落馬する者、熊手を相手に引っかけて
様式の変化は、治承・寿永内乱期にはじまった（「春日権現験記絵」よ
Image Archives Source:http://TnmArchives.jp/）

の東国武士社会を「武芸精神の高潮期」ととらえてきた（河合正治「鎌倉武士団とその精神生活」）。

　が、はたしてこの理解は正しいのだろうか。すでに検討してきたような治承・寿永内乱期における戦闘様式の変化や、鎌倉幕府が東国の反乱軍として成長してきた内乱期の政治過程を念頭におくと、鎌倉幕府に結集した東国武士が「馳射」に熟練していたとはどうしても考えられないのである。

　そこで注目したいのは、頼朝が藤《ふじ》原秀郷《わらのひでさと》流の「馳射」の故実を相伝した下河辺《しもこうべ》行平《ゆきひら》を重用し、嫡子頼家《よりいえ》や御家人たちの弓馬の師としていることや（『吾妻鏡』文治六年四月七日条、建久四年八月九日条）、また諏訪盛澄《すわもりずみ》や波多野有経《はたのありつね》（有常）など、かつて平氏方武士として頼朝に敵対した囚人でも、「馳射」の名手については罪を許し、御家人に積極的に取り立てている事実である（『吾妻鏡』文治三年八月十五日条、文治四年四月三日条）。

頼朝はなぜ「馳射」を奨励したのか

これらの事実は、鎌倉の御家人社会においてそもそも「馳射」の技術に熟練した武士が少なく、それが軽視される風潮が存在するなかで、逆に、武士身分を表徴するものとして頼朝が「馳射」の芸を奨励しようとしたことを示しているのではないだろうか（川合康前掲論文）。

洛南城南寺の流鏑馬射手として活躍した平氏家人諏訪盛澄の御家人登用などは、多分にアウトロー的性格をもった鎌倉の武装集団を、都の伝統を受けつぐ正統な武士身分に仕立てあげようとする頼朝の政治的努力を物語っていると思われる（高橋昌明前掲論文、野口実前掲著書）。頼朝の「馳射」奨励政策は、鎌倉武士の優秀性を示すものではなく、むしろ「馳射」を苦手とする御家人が多かったからこそ、これほどまで熱心に遂行されたのである。(12)

さて、これまでの章では、源平合戦における戦闘様式の変化とその要因についてさぐってきた。次章では、このように「馳組み」戦の比重が相対的に低下した源平合戦の戦闘形態を、さらにひろく見わたしてみるために、これまであまり注目されてこなかったこの時期の軍事施設についてとりあげてみよう。

第三章　源平の「総力戦」

1　治承・寿永内乱期の「城郭」

史料にあらわれる「城郭」

治承・寿永内乱期の戦争における軍事施設として注目されるのは、同時代の貴族の日記や『吾妻鏡』『平家物語』などに頻繁に登場する「城」「城郭」である。

たとえば、内乱勃発時の治承四年（一一八〇）五月二十三日、以仁王と源頼政が立て籠った近江国園城寺（三井寺）では、『吾妻鏡』に、

三井寺の衆徒等、城を構え、溝を深くし、平氏を追討すべきの由、僉議《せんぎ》すと云々。

（『吾妻鏡』治承四年五月二十三日条）

とあるように、官兵＝平氏軍の来襲に備えて、衆徒が「城」を構えて抵抗しようとしたこ

とが知られるし、また同月二十五日夜半、園城寺を出て南都（奈良）に逃れようとした以仁王・源頼政の軍勢を、平氏軍が宇治川で追撃したさいにも、

> 蔵人頭《くろうどのとう》重衡《しげひら》朝臣《あそん》、左少将《さしょうしょう》維盛《これもり》朝臣《あそん》宇治に追い向かい、おのおの城郭を構えざる前に、直ぐに進み責むべし。
>
> （『山槐記』治承四年五月二十六日条）

と、『山槐記《さんかいき》』（権中納言《ごんのちゅうなごん》中山忠親《なかやまただちか》の日記）には記されており、以仁王・頼政らが「城郭」を構える以前に、すぐに追撃をはじめた平氏軍の動向を伝えている。

では、これらの史料に見られる「城」「城郭」を「構える」とは、どのような軍事施設の構築を意味したのだろうか。『平家物語』は、この時期の「城郭」について、つぎのように描いている。

> 大将軍には頭中将《とうのちゅうじょう》重衡、副将軍には中宮亮《ちゅうぐうのすけ》通盛《みちもり》、都合其の勢四万余騎で、南都へ発向す。大衆《だいしゅ》も老少きらわず、七千余人、甲の緒をしめ、奈良坂・般若寺二ケ所、路を掘りきって堀ほり、掻楯かき、逆茂木ひいて待ちかけたり。平家は四万余騎を二手に分かって、奈良坂・般若寺二ケ所の城郭に押し寄せて、時をどっとつくる。
>
> （『平家物語』巻第五「奈良炎上」）

治承四年十二月におこなわれた平氏軍の南都攻めの場面であるが、これを見れば当時の「城郭」がどのようなものであったかは明瞭であろう。

南山城から奈良への進入路にあたる奈良坂と般若寺の二ヵ所において、南都大衆が「路を掘りきって堀ほり、掻楯かき、逆茂木ひいて待ちかけた」のにたいして、平氏軍はその二ヵ所の「城郭」を攻撃したと記しており、ここでの「城郭」が、堀《ほり》・掻楯《かいだて》（垣楯）・逆茂木《さかもぎ》などの施設を意味したことは疑いないのである。

ちなみに掻楯とは、前章でも少し触れたように、楯を横一列に垣根のように並べ立てたものであり（なお楯一枚の通常の大きさは、長さが一四〇センチメートル前後、幅が四五センチメートル前後、厚さは約三センチメートルほどで、二枚矧《はぎ》のものが多い[1]）、逆茂木とは、刺《とげ》のある木の枝などを束ねて横に結んだ木柵のことである。

堀・掻楯・逆茂木は、いずれも敵の進路を遮断するために戦場に臨時に構築された、簡単な交通遮断施設（バリケード）であるが、このバリケードは「城郭」の付属施設ではけっしてなく、これ自体が「城郭」とよばれていたことに注意しなければならない。

堀をほり、逆茂木引き、高矢倉かき……

このようなバリケードは、治承・寿永内乱期には各地で一般的に構築されている。

たとえば、内乱が全国に拡大した治承四年十二月、平氏は反乱追討軍を東国に派遣するとともに、京都の防衛態勢をかためるために、「京中在家」に人夫役を賦課して「楯」を並べ立てるよう命じている(2)(『山槐記』治承四年十二月二日条)。

また、寿永二年(一一八三)四月、北陸道の反乱軍が平氏軍を迎えた越前国火打《ひうち》(燧)城でも、

城郭の前には能美河《のうみがわ》・新道河《しんどうがわ》とて流れたり。二の河の落合いに大木をきって逆茂木に引き、しがらみ(柵)をおびただしうかきあげたれば、東西の山の根に水さしこうで、水海《みずうみ》にむかえるが如し。

(『平家物語』巻第七「火打合戦」)

という軍事施設がつくられていたし、同寿永二年十月に備前《びぜん》国福隆寺縄手《ふくりゅうじなわて》篠《ささ》の迫《せまり》において妹尾兼康《せのおのかねやす》軍が木曾義仲軍と戦ったさいにも、

都合其の勢二千余人、妹尾太郎を先として、備前国福隆寺縄手、篠の迫を城郭に構え、口二丈深さ二丈に堀をほり、逆茂木引き、高矢倉《たかやぐら》かき、矢先をそろえて、いまやいまやと待ちかけたり。

(『平家物語』巻第八「妹尾最期」)

とあり、やはり堀・逆茂木による交通路の遮断施設がつくられている。

そのほか、寿永三年（一一八四）一月に木曾義仲軍と鎌倉軍とが戦った宇治川合戦において、義仲側が鎌倉軍の進撃に備えて、

宇治も勢田も橋をひき、水の底には乱杭《らんぐい》打って、大綱はり、逆茂木つないで流しかけたり。

（『平家物語』巻第九「宇治川先陣」）


としたことはあまりにも有名である。

生田の森・一の谷合戦は「城郭」攻略戦だった

同じころ、西国で勢力を回復して、京都奪還の機をうかがっていた平氏の本拠地摂津《せっつ》国福《ふく》原《はら》でも、「城郭」が築かれていた。『延慶本平家物語』によれば、福原の東方の生田《いくた》の森《もり》には、

平家は摂津国生田の森を一の木戸口として、堀をほり、逆茂木を引き、東には堀に橋を引き渡して、口一つ開けたり。北の山より際までは垣楯をかいて、矢間を開けて待ち係けたり。

（『延慶本平家物語』第五本「源氏三草山幷一谷追落事」）

という防衛ラインが構築され、福原の西方一の谷にも、

一の谷の西の木戸口へ寄せてみれば、城郭の構え様、誠におびただし。陸には山の麓まで大木を切り伏せて、其の影に数万騎の勢並み居たり。渚には山の麓より海の遠浅まで大石を畳みて、乱杭を打つ。大船数を知らず立て置きたり。其の影に数万疋の馬共十重《とえ》廿重《はたえ》に引き立てたり。其の後ろには赤旗数を知らず立て並びて、矢倉の下にも雲霞の兵の並み居たり。海には数千艘の儲船打ちたりければ、輙《たやす》く破るべしとも見えざりけり。（同前）

と大規模な「城郭」が築かれていたのである。

寿永三年二月、鎌倉軍が平氏のこの要塞を攻撃した戦闘は、ふつう「一の谷合戦」とよばれている。しかし、一の谷の「城郭」を攻めるために京都から丹波《たんば》路を迂回した源義経の軍勢は搦手《からめて》軍であり、源範頼ひきいる大手軍は山陽道を直進して、生田の森の「城郭」で激しい戦闘を繰りひろげたのである。

「一の谷合戦」は、じっさいには「生田の森・一の谷合戦」とよぶべき「城郭」攻略戦であり、防衛ラインとして構築された「城郭」をめぐるこうした攻防が、治承・寿永内乱期の陸戦の一般的形態であった。

中世城郭史再考

ところで、当時の「城郭」をこのように述べてくると、読者のなかには奇異な感じをもたれる方も少なくないと思う。

城郭としてまずイメージされるのは、姫路城《ひめじじょう》などに見られる巨大な天守閣がそびえる近世城郭の雄姿であり、堀や掻楯・逆茂木だけの交通路の遮断線など、それとは似ても似つかぬ粗末な構築物にすぎないからである。

従来の城郭史研究でも、このようなバリケードを中世城郭の一類型として正面からとりあげたものは少ない。

戦前の大類伸《おおるいのぶる》・鳥羽《とば》正雄《まさお》著『日本城郭史』が、これを王城（京都）・武士の居館・天然の要害と並ぶ当時の「城郭」の一つとして検討しているものの、その後は狭い城郭概念に影響されて軽視されがちであった。最近になってようやく、村田修三《むらたしゅうぞう》氏らによって「防塁・阻塞類」が中世城郭の源流の一つとして注目されつつあるというのが、城郭史研究の現状であろう(3)。

村田氏が指摘するように、交通路を遮断するこうした軍事施設は、のちの城郭が合わせもつ二つの要素（軍事機能と居住・政庁機能）のうち、前者の機能だけを担った構築物であるが、これまでの城郭史研究は、むしろ後者の機能に力点をおいて発生史を検討してきた（村田修三「史料としての城館」）。

つまり、主要な城郭は「館《たち》」から「城」への発展としてイメージされ、堀や土塁を周囲にめぐらせた中世武士の居館である「方形館《ほうけいかん》」が、中世城郭の起点として積極的に位置づけられてきたのである。

交通遮断施設こそ

近年では、このような堀や土塁に囲まれた方形館が、中世前期においてほんとうに存在したのかという点をめぐって疑問が提起されており(4)（橋口定志「絵巻物に見る居館」「中世居館の再検討」「中世方形館を巡る諸問題」「中世東国の居館とその周辺」「方形館はいかに成立するのか」）、武士の屋敷地を中世城郭の起点におく基本図式に再検討が迫られているが、私は中世前期における方形館の有無にかかわらず、中世城郭の起点は本書であつかっているような交通遮断施設のほうにあったと考えている。

なぜなら、城郭がなんらかの戦闘を想定した軍事的・政治的拠点における構築物であった以上、居住性自体は仮屋《かりや》の設営などですむ副次的な問題であり、むしろ軍事的・政治的拠点であることの本質は、支配領域における軍勢（とくに軍馬）の通行可能な主要交通路の制圧の問題と密接にかかわっていたはずだからである。

飛驒《ひだ》国高原郷の江馬《えま》氏を素材として、中世後期における城館配置を分析した服部英雄《はっとりひでお》氏は、散漫に分布しているかに見える江馬氏の城館群が、越中東街道と鎌倉街道を意識して有機的関連をもって配置されていたことを明らかにし、また中世─近世をつうじて、主要街道が直接に城内を通過する事例も多かったことを指摘している（服部英雄「中世城館論」）。

このように城郭は一貫して主要交通路の制圧という固有の機能を有していたのであり、それと切り離しては軍事的拠点としての意義をもちえなかったのである(5)。

戦乱が恒常化した中世後期の城郭とは異なり、治承・寿永内乱期の「城郭」が、たとえ臨時の構築物で、それ自体に居住性を有していなかったとしても、戦時における交通路の要衝の遮断、防衛ラインの設定という基本的な軍事機能の点では、もっとも直接的にそれを体現した構築物であり、のちの城郭と共通の役割をはたしていたといえよう。そして戦争は、今も昔も、かかる軍事的拠点の争奪として展開していくのである。

「城を枕に討死」はほんとうか？

ここでもう一つ、城郭論とかかわって触れておかなければならない点がある。それは城郭と聞くと、すぐに籠城戦を想起し、そこに立て籠って最後の一戦をまじえるというイメージが強いことである。

とくに、本書であつかっているような治承・寿永内乱期の「城郭」についても、最近になって「中世前期の城郭は多くの場合最後の抵抗の場・決戦の場として、非日常的な戦闘状態に際してたて籠るため創出された特異な空間であった(6)」（中澤克昭「中世城郭史試論」五二ページ）と主張するような見解があらわれている以上、この点を明確化しておく必要があろう。

まず重要な点は、「城郭」は一つの戦闘でも複数構築されるのがふつうであり、したがって多くのばあいは「最後の抵抗の場・決戦の場」にはならなかったという事実である。治承五年（一一八一）三月、美濃・尾張国境の墨俣川《すのまたがわ》合戦で平氏軍に大敗を喫した源行家《ゆきいえ》軍の動向について、『延慶本平家物語』は、

十郎蔵人（源行家）、墨俣の東に小熊《おぐま》と云う所に陣を取る。……十郎蔵人、心計《ばか》りは武《たけ》く思えども、堪えずして、小熊を引き退きて、柳の津に陣を取る。柳の津をも追い落とされて、熱田《あつた》へ引き退く。熱田にて在家を毀《こぼ》ちて、掻楯を構えて、ここで暫《しばら》く支えたりけれども、熱田をも追い落とされて、三河国矢作《みかわやはぎ》の東の岸に掻楯をかいて支えたり。

（『延慶本平家物語』第三本「十郎蔵人与平家合戦事」）

と記しており、逃亡する行家軍が掻楯を構えて戦闘を交え、そこが落とされると退却して、ふたたび別の要衝に掻楯を構えて防衛態勢をとっていたことがうかがえよう。当時の「城郭」は、このように防衛ラインとして存在したのであって、けっして閉じられた空間ではない。逃走ルートはあらかじめ確保され(7)、「最後の抵抗の場・決戦の場」として立て籠る

という認識は、一般的に存在しなかったのである。

武士はもっと柔軟

このような「城郭」の性格は、武士の居館とその周辺の要害が「城郭」とよばれたばあいにも共通している。

治承四年（一一八〇）八月、頼朝挙兵に呼応した相模国の三浦一族は、古東海道の要衝を押さえる本拠衣笠城において平氏方軍勢と戦って敗北し、衣笠城から退却した。そのさい、八十九歳になる老武者三浦義明が、

> 保つところすでに八旬有余なり。余算を計るに幾ばくならず。今老命を武衛（源頼朝）に投げうちて、子孫の勲功に募らんと欲す。汝等急ぎ退去して、彼の存亡を尋ねたてまつるべし。
>
> （『吾妻鏡』治承四年八月二十六日条）

と語り、一人城中に残って討死しようとしたことはあまりにも有名であろう。

しかし、ここでの義明一人の行動を、ただちに当時の武士一般に想定することができないことは、義明にも退却を勧め、衣笠城から安房国に逃亡した三浦一族全体の行動を見れば明らかである。

また、一族を頼朝のもとに逃亡させ、みずからの老命を捨てて子孫の勲功の賞にあてたいとする右の義明自身の発言からも、「城を枕に討死する」行動が、いかに特殊なものであったかは容易に理解されよう。

むしろそうだからこそ、この義明の遺言は美談とされ、『吾妻鏡』にも特記されたのである。永井《ながい》路子《みちこ》氏が指摘したように、衣笠城合戦における三浦一族の動向からは、当時の武士の「執拗に生きる道をみつけ、形勢不利と見れば、あざやかに方針を変更する」「合戦に対する考え方の柔軟性」を読みとるほうが正確であると思われる（永井路子『つわものの賦』四七〜四八ページ）。

ちなみに、こうした「城郭」における戦闘の在りかたは、戦国期の城郭においても同様である。最後の籠城の場として築かれている城郭はむしろ特殊であって、領国内の多くの城郭群は自焼・自落を想定した中間の陣地として構築され、「安全に逃げのび得る道の確保は城地選定の不可欠要件」であった（服部英雄前掲論文、五三九ページ）。

そもそも、自軍から大きな損害を出さないために、包囲はしても交渉によって開城させ、双方とも攻城戦はできるだけ避けようとするのが、戦国期の戦争の基本的形態であったとする藤本正行《ふじもとまさゆき》氏の見解に学べば（藤本正行『信長の戦国軍事学』）、中世をつうじてほとんどのばあい、城郭は「最後の抵抗の場・決戦の場」として立て籠る空間にはならなかったと理解できよう。城郭史研究を進めるためには、冷静でリアルな軍事史の実態認識が何よりも重要であることを確認しておきたいと思う。

馬は遮断物に弱い――堀・逆茂木・掻楯の意味

さて、話題を治承・寿永内乱期の交通遮断施設にもどそう。

主要交通路の要衝の制圧が中世をつうじて城郭の本質的機能であったことはすでに述べたとおりであるが、その形態は各時代の戦闘様式と軍隊の構造に規定されている。

では、治承・寿永内乱期の戦争に広範に見られる堀・逆茂木・掻楯などによる簡素な「城郭」構築は、いったいどのような戦闘様式と軍隊の構造に対応したものだったのであろうか。

まず確認しておきたいことは、この段階の堀は、豊かに水をたたえた近世城郭の堀とは異なって、ほとんどの場合は空堀《からぼり》であり、後述する「阿津賀志山二重堀《あつかしやまふたえぼり》」のように、当該期で最大規模と思われるものでも堀幅は一五メートル前後である。通常のばあいは、道を数メートル掘り切っただけと推定される。

したがって、同じ堀とはいっても、のちの時代の城郭の堀とはまったく別の機能を期待されたものであり、歩兵集団の攻撃を想定した堀ではなかったことは確かである。

そこであらためて考えてみたいのは、馬の習性である。

比較的傾斜に強いとされる在来馬にあっても、険阻《けんそ》な山坂道には弱く、そのような街道では馬にかわる運搬手段として、偶蹄目《ぐうていもく》（蹄が二つに割れている）で坂道に強い牛が使われていたことはよく知られた事実であるが、(8) 馬はまた臥木や段差のある堀を越えることができない点にも注意する必要があろう。

こうした馬の習性と密接にかかわるものとして注目されるのは、馬を生産し放牧する馬牧の古代・中世における在りかたである。河川の中州や半島状の地形に牧が設置されていたばあいは別として、人里近くに所在した牧では、牧馬の逸出とそれにともなう近隣耕地の被害を防ぐため、格(木柵)や堀・土塁などが牧の周囲にめぐらされていた。

そのなかでも、もっとも確実な方法は、堀・土塁を設けることで、下総《しもうさ》国葛原牧《つなはらのまき》では史料上に「二重堀」があらわれ(年月日未詳「香取社大禰宜大中臣真平譲状」〈香取大禰宜家文書、『平安遺文』七―三三二四〉)、摂津国右馬寮御牧《うめりょうみまき》でも人里との境に「堀」の存在したことが確認される(9)(〈寛喜元年〉十二月十八日「右馬寮牧沙汰人経真書状」〈勝尾寺文書、『鎌倉遺文』六―三九一三〉)。

『延喜式』に見える兵部省《ひょうぶしょう》の官牧下総国大結牧《おおゆいのまき》の比定地では、福田豊彦《ふくだとよひこ》氏の調査によって、二・四キロメートルの土塁と〇・三キロメートルほどの堀(約三メートルの幅をもつ)、および一・七キロメートルの自然の入谷によって、約五〇ヘクタールの地域が囲いこまれていたことが解明されており(福田豊彦『平将門の乱』)、また有名な信濃国望月牧《もちづきのまき》でも、土塁や堀の跡が現在も残り、それを地元では「のまよけ」(野馬避け)とよんでいることが、戸田芳実氏の調査で明らかにされている(戸田芳実「垂水御牧について」)。

このような古代・中世における馬牧の在りかたを前提とすれば、治承・寿永内乱期の戦争における堀・逆茂木・掻楯などの「城郭」は、まさに同じ馬の習性に学び、牧の施設を戦闘に応用したものといえるであろう。[10] つまり、この時期の「城郭」は、騎馬隊の侵入を防ぐことを第一義的な目的として構築された軍事施設だったのである。

『延慶本平家物語』は、名馬「目《め》糟毛《かすげ》」について「臥木をも越え、江堀をも飛びける馬なり」と記しているが（『延慶本平家物語』第五本「梶原与佐々木馬所望事」）、こうしたことが名馬としてことさらに誇張されること自体、馬がいかに遮断物に弱い動物であったかを示している。

いまやいまやと待ちかけたり

では、騎馬隊の侵入を防ぐこのような「城郭」は、じっさいの戦闘ではどのように用いられたのだろうか。すでに引用したところではあるが、もう一度『平家物語』における備前国福隆寺縄手篠の迫の「城郭」描写を見てみよう。

> 都合其の勢二千余人、妹尾太郎を先として、備前国福隆寺縄手、篠の迫を城郭に構え、口二丈深さ二丈に堀をほり、逆茂木引き、高矢倉かき、矢先をそろえて、いまやいまやと待ちかけたり。

この描写からは、「城郭」を構えた妹尾兼康軍が、堀・逆茂木の前で敵の軍勢が立往生したところを狙うため、堀・逆茂木の後方に高く足場（高矢倉）をつくり、「矢先をそろえて、いまやいまやと待ちかけ」ていたことがわかる。

また、山城・近江の国境にあたる龍華越《りゅうげごえ》において比叡山横川《よかわ》の法師たちが落武者狩りをおこなったとする『平治物語』の記事にも、

横河法師二、三百人、「信頼《のぶより》・義朝《よしとも》落つるなり。とどめん」とて、龍下越に逆茂木引っかけ引っかけ、掻楯こしらえ待ちかけたり。三十余騎馬よりおりて、逆茂木をば物ともせず、取り除け通らんとす。横河法師さんざんに射ければ、陸奥六郎義高《むつのろくろうよしたか》の頸の骨に矢一つ立つ。馬より落ちられけり。

（『平治物語』巻中「義朝敗北の事」）

とあり、逆茂木を前にした源義朝勢が馬から降りてそれを取り除き、通ろうとするところを横川法師がいっせいに射たという描写は、逆茂木の機能とその戦闘状況をよく示すものであろう。交通路の遮断施設は、たんに敵の騎馬隊の進軍を止めるだけではなく、こうして味方の歩射攻撃にも利用されたのである。

楠木正成だけではない

そしてさらに興味ぶかいのは、かかる「城郭」を利用した戦闘法として、石弓を張っている事例が目立つことである。

たとえば、篠の迫における「城郭」でも、『延慶本平家物語』には「西の方は高山なりければ、上には石弓を張り、木曾を待ち懸けたり」とあり（『延慶本平家物語』第四「兼康与木曾合戦スル事」）、高所から大石をころがり落とす装置がつくられていたことが判明する。また『吾妻鏡』によると、文治五年（一一八九）に頼朝ひきいる鎌倉幕府軍が奥州に攻めこんだ奥州合戦では、福島盆地への進入路にあたる石那坂《いしなざか》において、藤原軍はつぎのような迎撃態勢をとっていたという。

> 泰衡が郎従信夫佐藤庄司、また湯の庄司と号す。これ継信・忠信等が父なり。叔父河辺太郎高綱《かわべのたろうたかつな》・伊賀良目《いがらめ》七郎高重《しちろうたかしげ》等を相具し、石那坂の上に陣す。湟《ほり》を掘り、逢隈河《あぶくまがわ》の水をその中に懸け入れ、柵を引き、石弓を張り、討手を相待つ。（『吾妻鏡』文治五年八月八日条）

すなわち、藤原泰衡《やすひら》方の信夫庄司佐藤元治《しのぶのしょうじさとうもとはる》は、一族をひきいて石那坂の上に陣取り、坂の途中に湟《ほり》を掘って阿武隈川の水を引きこみ、逆茂木を構築して奥大道《おくだいどう》（東山道）を遮断するいっぽう、ここでも石弓を張って鎌倉軍の北上にたいし待ち伏せをおこなっているのである。

なお、石那坂の堀に阿武隈川の水を引きこんだとする描写は、『吾妻鏡』の奥州合戦の「城郭」記事に特徴的な誇張であり、慎重にあつかう必要があるが、遮断施設の構築と石弓の配備は、先の『延慶本平家物語』の記述や古態本『平治物語』の落武者狩りの記述(11)とも共通しており、治承・寿永内乱期の戦争におけるじっさいの迎撃パターンであったと考えられよう。

これまで楠木正成の専売特許のように語られ、鎌倉末・南北朝期に特徴的な戦闘法と理解されてきた石弓の配備は、じつは平安末・鎌倉初期には一般的な戦闘法としてあらわれていたのである。

やはり戦闘員の階層的拡大が背景にあり

すでに前章において、治承・寿永内乱期の戦争では「馳組み」戦に対応できないような村落領主クラスの「器量に堪うる輩」の参加によって、敵の馬を射て徒歩立ちで戦ったり、馬上から組み落とし格闘で勝負を決めるといった戦闘様式の変化があらわれていたことを指摘した。

そのことをふまえれば、このような「城郭」と地形を利用した歩射攻撃や石弓の配備も、敵の騎馬隊の機動性を封じこめ、味方の徒歩立ちの軍勢が有効に敵の騎馬隊に打撃をあたえられるよう計算されたものであって、やはり戦闘員の階層的拡大という事態に対応した戦闘形態と理解することができよう。

もちろん、この段階は南北朝期以降の歩兵集団を主要な戦闘力とする白兵戦の段階とは異なって、あくまで攻撃の主力をなすのは騎馬武者の精鋭部隊であり、歩射攻撃や石弓だけで戦闘に決着がつくわけではけっしてない。

しかし、「城郭」を利用した戦闘は、敵の騎馬隊に打撃をあたえたうえで、味方の騎馬隊をいつどこの木戸口を開けて投入するかという問題とも密接にかかわって準備されるのであり、むしろ徒歩立ちの軍勢と騎馬隊との連携を前提とするものであった⑫。

寿永二年（一一八三）五月、平氏の大軍を北陸道で迎えた木曾義仲は、

聞くが如くは平家多勢なり。柳原の広みへ打ち出づるものならば、馳合いの合戦にて有るべし。馳合いの戦は勢の多少による事なれば、大勢の中に駆けられて悪しかるべし。敵を山に籠めて、日晩れて後、栗柄《くりから》ガ谷の巌石に向けて追い落とさばやと思うなり。

（『延慶本平家物語』第三末「義仲白山進願書事付兼平与盛俊合戦事」）

と語ったとされ、原野での「馳合いの戦」は結局のところ騎馬武者の軍勢の多少によって勝敗が決まってしまうという認識を示しているが、それだからこそ自軍に有利に戦闘を進め

るため、「城郭」は各地の交通の要衝で一般的に構築されるようになったのである。

阿津賀志山二重堀

ところで、本書はこれまで治承・寿永内乱期の「城郭」が簡素な遮断施設であったことを強調してきたが、戦闘の規模によってはきわめて大規模な工事をともなう「城郭」も構築された。その確実な事例としてあげることのできるのは、文治五年（一一八九）の奥州合戦にさいして奥州藤原氏が構築した「阿津賀志山二重堀」である。

『吾妻鏡』文治五年八月七日条には、鎌倉幕府軍の奥州侵攻に備えて藤原氏がつぎのような「城郭」を阿津賀志山に構えたことが記されている。

泰衡《（藤原）》、日来二品《（頼朝）》発向し給う事を聞き、阿津賀志山において城壁を築き、要害を固め、国見宿と彼の山との中間に、俄《にわか》に口五丈の堀を構え、逢隈河の流れを堰《せ》き入れて柵となす。異母兄西木戸《にしきど》太郎《たろう》国衡《くにひら》をもって大将軍となし、金剛別当秀綱《こんごうべっとうひでつな》、その子下須房太郎秀方已下二万騎の軍兵を差し副う。

すなわち、藤原泰衡が福島盆地の北東端に位置する陸奥国伊達郡阿津賀志山と国見《くにみ》宿との間に「口五丈の堀」を構え、阿武隈川の流れをそこに堰き入れて柵となし、泰衡の異母兄藤

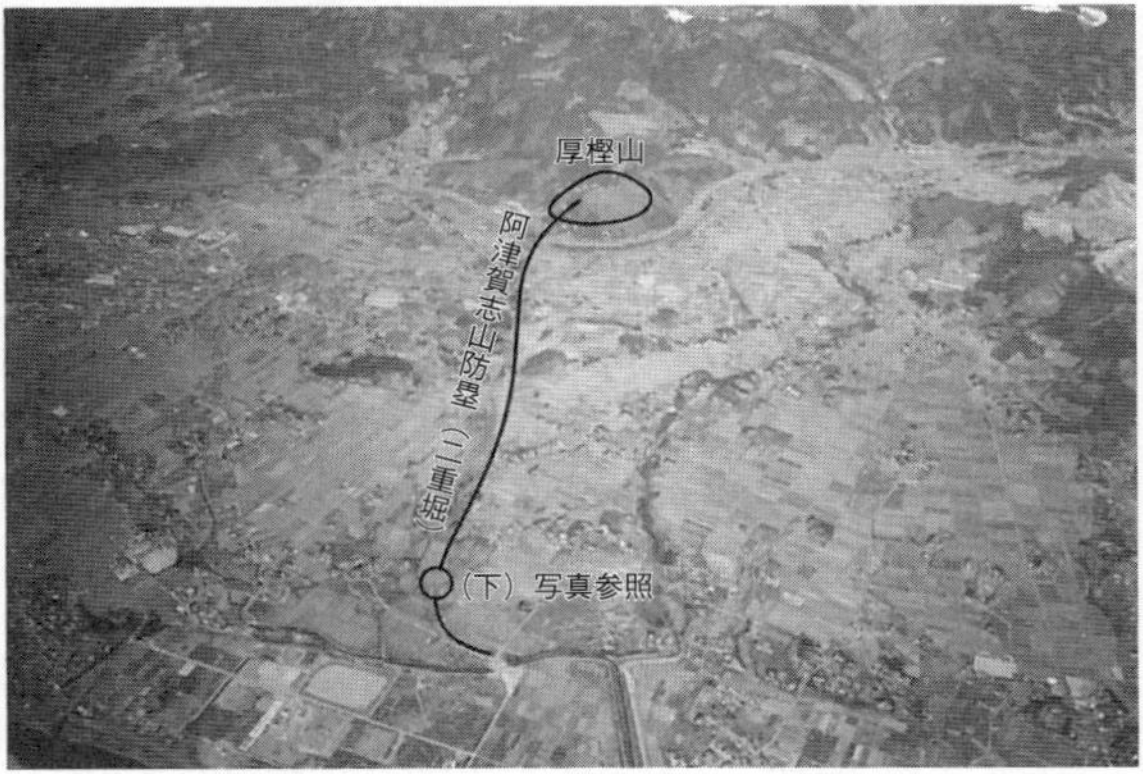

阿津賀志山二重堀　上空からみたもの（上）と、○印の箇所のようす（下）。大規模な工事がおこなわれたことを、うかがわせる（写真提供／国見町教育委員会）

原国衡を大将軍として二万騎の防衛軍が遣わされたと伝えているのである。

この阿津賀志山の堀は、福島県国見町の地元では「阿津賀志山二重堀」と伝承され、現代に至るまでその遺構を地表に残している。そして、一九七一年に東北縦貫自動車道路建設にともなう発掘調査が、また一九七九年には県営圃場《ほじょう》整備事業にともなう四次にわたる発掘調査が実施され、地下遺構も考古学的に確認されることになり、一九八一年三月には「阿津賀志山防塁」として国史跡に指定されている。

では、「阿津賀志山二重堀」とはどのような遺構なのだろうか。(13)

全長三キロメートルにわたる空堀と土塁

この遺跡は、福島県国見町の石母田《いしもだ》・大木戸《おおきど》・森山《もりやま》・西大枝《にしおおえだ》の旧村域に所在し、厚樫山(阿津賀志山)の中腹(海抜一七〇メートル付近)を始点として、山麓部を一直線状に平地に下り、滑川《なめりがわ》の河岸段丘に沿って阿武隈川旧河道河岸(海抜四一・七メートル)に至る、約三キロメートルの帯状に連続する空堀と土塁の遺構である。

大木戸の耕野内《こうのうち》・段ノ越《だんのこし》地区、森山の堤下《つつみした》・中島《なかじま》地区で一重堀の箇所が存在するほかは、二重の堀と三重の土塁が検出されており、土塁から見た堀の深さは約三〜四メートル、堀の全体幅も『吾妻鏡』の「口五丈」(約一五メートル)の規模とほぼ合致することが報告されている。

『吾妻鏡』はこの堀に阿武隈川の水を堰き入れたとしているが、二重堀最終地点と旧阿武隈川氾濫原との比高は二・二メートルほどで、当時の阿武隈川の川床が現在より高かったとしても、二重堀に水を堰きあげることは不可能と推測される。

ただし空堀であっても、騎馬隊の進軍を止める交通遮断施設として充分に機能することについては、すでに述べたとおりである。空堀はいずれもV字型の薬研堀《やげんぼり》であり、堀の内側（藤原軍側）の傾斜角が急峻で、防衛上の配慮が認められる。また土塁の構築法は版築《はんちく》であり、一部には石積みによる基礎工事の跡も確認された。

かつて奥大道（東山道）がとおった厚樫山山麓は、近世には奥州街道の道筋となり、現在でも東北縦貫自動車道・JR東北本線・国道四号線・旧国道四号線が集中する交通の要衝である（なお東北新幹線は厚樫山西方をトンネルで通過する）。

中世においても軍勢が陸奥国を縦貫して北上するためには奥大道が唯一のルートであり、どうしても通行せねばならない地点であった。この交通の要衝にあたる地域を、「阿津賀志山二重堀」は山麓から河岸まで完全に遮断したことになる。

遺跡が一つでも存在する以上……

小林清治《こばやしせいじ》氏は、五メートル区間の堀の発掘にのべ百五人を要した事実から、鍬《くわ》とモッコに頼った当時の工法を勘案してこれを二百人と換算し、約三キロメートルにわたる二重の堀の工事には、のべ二十数万人の人夫が必要であったと指摘している。

これは本営など他の付属施設を除いた計算であるが、近隣の伊達《だて》・信夫《しのぶ》・刈田《かった》三郡の成年男子五千人を動員する突貫工事であったとしても、二重堀の構築だけで四十日以上を要する大工事となるわけである（小林清治「南奥州の武士団」[14]）。

もちろん、「阿津賀志山二重堀」のような規模で、治承・寿永内乱期における一般の「城郭」を理解してはならないことは明白である。本書最終章で詳しく検討するように、奥州合戦は頼朝によって空前の規模の大軍勢が動員された戦争であり、しかもその情報が文治五年（一一八九）の比較的早い段階から奥州藤原氏のもとに流れていたからこそ、これほど大規模な防衛ラインが構築されたと考えられよう。

しかし、たとえば先に引用した『延慶本平家物語』の描写を見るかぎり、平氏が福原を本拠として構築した生田の森や一の谷の「城郭」も相当規模になると想像される。

いずれにせよ、「阿津賀志山二重堀」のような遺跡が一つでも存在する以上、この時期の「城郭」はこれまでのように軽視されるべきではない。そしてそれらの多くがたとえ小規模な軍事施設であったとしても、その軍事機能を再評価することが必要である、というのが私の意見である。

2　中世工兵隊——民衆動員の軍事的意義

京都府南部、木津川《きづがわ》の支流和束川《わづかがわ》流域に位置する相楽《そうらく》郡和束町は、山の傾斜地を利用した茶の栽培と林業を主な産業とする山間の静かな集落群である。

古代以来、この地には南都諸大寺の造営・修理のための材木を伐り出す「杣《そま》」が設定されており、中世には興福寺《こうふくじ》に寺役を勤仕《ごんし》する興福寺領「和束杣」が成立していた。

その和束杣で材木の伐採にあたっていた杣工《そまく》（きこり）たちが、歴史的に重要な訴状を残している。

杣工を動員せよ——重申状は語る

御杣工等謹んで重ねて言上《ごんじょう》す。

右言上するところは、罸(討カ)手として、北陸道に下すべき兵士ならびに兵粮米、度々祝園野の馬掾の承《うけたまわ》りにより、催《もよお》しを加えらるるのところ、重ねて又今明の間、上より力者等御杣に罷《まか》り下り、催しを加えらるべきの由、その風聞あり。尤《もっと》も堪え難き事か。ここにもし両方の使乱入せば、如何にして工《たくみ》等御杣跡にとどまるべけんやと云々。以前に両度、解状《げじょう》をもって子細を言上すると雖《いえど》も、全くもってその仰付けなく候。御杣工等は弓箭刀兵《きゅうせんとうへい》を帯するに及ばざる者なり。且《かつが》つ御還迹を垂るるか。しかして工は纔《わず》かに三十六人、催さるるところは二十七人なりてえれば、言語道断の事なり。もし停止《ちょうじ》せられずんば、何れの工等か御寺修造役を勤仕すべきや。仍って早くもって裁報を蒙《こうむ》り、優免《ゆうめん》せられんか。恐々謹しみて言上すること件《くだん》の如し。

寿永二年三月　日　　　　和束御杣工等

（寿永二年三月日「山城国和束杣工等重申状」〈興福寺文書、『平安遺文』八―四〇八〇〉）

この重申状によると、寿永二年（一一八三）三月に和束杣ではつぎのような事態が引き起こされていた。

すなわち、北陸道の反乱鎮圧のための遠征に向けて、各地で兵士役と兵粮米の賦課をおこなっていた平氏軍が、ここ和束杣においても近隣の祝園荘《ほうぞののしよう》住人「野の馬掾《うまのじよう》」をつうじて兵士役を催促し、また京都からも直接力者を杣に下向させて強制的に杣工を動員しようとしていたのである。

なお、和束杣で徴発された杣工は三十六人中二十七人と記されているが、これは頭領格の「本工」の人数であり、総人数ではない。近世でも杣の労働編成が二十〜三十人で一組とされていたことをふまえるならば（大石庄一「山林の仕事と道具」）、じっさいに北陸道への動員対象となった杣人たちは、かなりの人数にのぼったはずである。

動員令の通説的理解は？

それでは、なぜ平氏はこのように大勢の杣工たちを北陸道まで動員しようとしたのだろうか。従来の通説を代表するものとして、田中稔《たなかみのる》氏の見解を以下に掲げてみよう。

ところでこの北陸道攻めに当って、平氏は山城・大和などの国々の庄園からも兵士を徴集している。しかし、山城国和束杣では三十六人の杣工中二十七人が駆り集められた。しかしこれらの杣工は「不及帯弓箭刀兵」というような者たちで、戦闘員として役立つとは考え難いようなものまで徴集しようとしている。……今や平氏は軍事力としては疑問の多い単なる一国平均役としての兵士に頼らざるを得ないところにまで追い込まれていたのであり、北陸道の惨敗もまた当然起るべくして起ったものといえよう。

（田中稔「院政と治承・寿永の乱」二七ページ）

たしかに田中氏が指摘するとおり、平氏軍はこの寿永二年五月に越中国砺波山において木曾義仲ひきいる反乱軍に大敗し、同年七月には反乱軍に追われるかたちで都を捨て西走する。和束杣工の重申状は、右の田中氏の見解に明瞭に示されているように、その平氏敗走を必然化した軍事動員の内実を物語る史料として理解され、従来から注目を集めてきたのである。

しかし、平氏はほんとうに戦闘員として杣工に頼らざるをえないほど追いこまれていたのであろうか。『玉葉』の記事によっても北陸道に向かう平氏は「四万余騎」の動員に成功し(『玉葉』寿永二年六月五日条)、越前国火打城合戦などでは勝利をおさめている。また西走後においても、備中《びっちゅう》国水島《みずしま》や播磨《はりま》国室山《むろやま》で木曾義仲軍や源行家軍を破ったことはよく知られた事実であろう。

このような事実を見るかぎり、平氏の軍隊がそれほどまでに弱体であったとはどうしても思えないのである。従来の史料解釈には、二年後の壇ノ浦における平氏一門の滅亡を当初からの「必然」として理解する「平家物語史観」がはらまれてはいないだろうか。

人夫の徴発

和束杣工の動員令を別の角度からあらためて解釈しなおすためには、治承・寿永内乱期における軍事動員の問題をよりひろい視野から検討することが必要である。

その意味で注目されるのは、治承・寿永内乱期の戦争には、すでに指摘したような村落領主クラスの「器量に堪うる輩」のみならず、たとえば治承五年(一一八一)二月に平氏が墨俣川合戦に向けて伊勢神宮領で雑船四十八艘と水手《かこ》二百九十八人を徴発したことに見られるように(治承五年二月日「大神宮司庁出船注文」〈書陵部所蔵壬生古文書、『平安遺文』八—

三九五六〉)、ひろく一般民衆までが水夫などの固有の役割をもって戦場に動員されていたという事実である。

とくに、いまここで問題としたいのは、これまでまったく関心が向けられてこなかったこの時期の戦争における人夫の動員である。前節で明らかにしたように、各地の戦場で一般的に「城郭」が構築されていたとすれば、そのための人夫徴発は、戦争遂行に必要不可欠であったと考えられるからである。

『吾妻鏡』治承五年三月十三日条は、つぎのように記している。

安田三郎(義定)が使者武藤五、遠江国より鎌倉に参着す。申して云わく、御代官として当国を守護せしめ、平氏の襲来を相待つ。就中、命を請けて橋本に向かい、要害を構えんと欲するの間、人夫を召すのところ、浅羽庄司宗信・相良三郎等、事において蔑如を成し、合力を致さず。……

この記事は、前年十月の駿河国富士川合戦によって、「官兵」=平氏軍を都に敗走させた甲斐源氏の安田《やすだ》義定《よしさだ》が、平氏軍の再来に備えて、遠江《とおとうみ》国橋本において「要害」を構えたことを伝えているが、そのさいに義定が「人夫」を召し集めたとしている点に注意したい。

同様の人夫徴発は、『延慶本平家物語』の備前国福隆寺縄手の「城郭」記事にも見え、そここでは「近隣の者共駈り催して、福龍寺縄手を掘り切る」とあるように（『延慶本平家物語』第四「兼康与木曾合戦スル事」）、山陽道を遮断する堀の構築のために「近隣の者共」が軍勢によって駆りだされていた状況がうかがえるのである。

ただ働きはさせられない

このような近隣民衆の動員形態をもっともよく示しているのは、文治三年（一一八七）二月の周防《すおう》国得善《とくぜん》・末武《すえたけ》保地頭筑前家重《ちくぜんいえしげ》による「城郭」構築の場合である。

御柱引きの食料に割き置かしむる乃米四十余石、官庫を打ち開き押し取らしむるの上、農業の最中に人民を駆り集めて、城郭を掘り営ましめ、鹿狩・鷹狩をもって業となして、さらに院宣を恐れず。此の如き公物を押し取り、食物に充てて濫悪を張行す。

（『吾妻鏡』文治三年四月二十三日条）

これは周防国在庁官人の申状に記された内容であるが、東大寺《とうだいじ》再建のための材木伐り出し人夫の「食料」（雇賃）として官庫に確保されていた米四十余石を、筑前家重が奪い取り、それを近隣の一般百姓に「食料」としてあたえ「城郭」を掘らせていると訴えられているのである。

この家重の事例にうかがえる興味ぶかい点は、このような「城郭」構築のための一般百姓の労働編成が、「食料」給付を条件とした有償労働によって成りたっていた点である[15]。たとえ非常時であっても、武士は無償で民衆を人夫として徴発できたわけではなかったのであり、それだからこそ家重も、官庫を打ち破ってまで近隣民衆に配る「食料」を調達せねばならなかったのである。したがって、前節でとりあげた「阿津賀志山二重堀」のばあいも、何よりもまずその工事を主催した奥州藤原氏の経済力を評価しなければならないだろう。

はなやかな大鎧を身につけた騎馬武者の活躍ばかりがイメージされる源平合戦の舞台裏では、こうして戦闘を準備する段階において、近隣の民衆をどのように労働へと編成するかが、きわめて重要な軍事的意味を帯びていたのである。

工兵隊の編成

このような人夫の徴発は、守備軍のばあいは主として戦場近隣の地域においておこなわれると考えるのが自然であるが、遠征軍のばあいには、はじめから軍隊のなかに編成されることもある。

たとえば、奥州合戦における阿津賀志山の戦闘を記した『吾妻鏡』文治五年（一一八九）八月七日条によると、

姿は彼らが非戦闘員だったことを示しており、動員された百姓の役割
蔵／ Image:TNM Image Archives Source:http://TnmArchives.jp/）

夜に入りて、明暁泰衡が先陣を攻撃すべきの由、二品（頼朝）内々老将軍等に仰せ合わせらる。仍って重忠相具すところの疋夫八十人を召し、用意の鋤鍬をもって土石を運ばしめ、件の堀を塞ぐ。敢えて人馬の煩いあるべからず。

とあり、幕府側は合戦の前夜、畠山重忠によって鎌倉からひきいられてきた「疋夫」八十人に、用意してきた鋤・鍬で土石をはこばせて二重堀の一部を埋め、人馬が通行できる箇所を工作させたという。[16] つまりここでは、敵方が構築した「城郭」の除去という役割を担うものとして、

合戦のようす②　高橋昌明氏の指摘のように、ここに描かれた楯持ちの
だったことがうかがえる（「春日権現験記絵」より　東京国立博物館所

人夫が軍隊のなかの工兵隊に編成されていたことがわかるのである。

　このような工兵隊は、『覚一本平家物語』などでは「足軽」という名称で描かれている。越前国火打城合戦では、平泉寺長吏斎明《さいめい》威儀師《いぎし》の内通を得た平氏軍が、「足軽共を遣わして柵を伐り落と」したと記されているし（『平家物語』巻第七「火打合戦」）、また生田の森・一の谷合戦においても、生田の森の「城郭」で「足軽どもに逆茂木取り除けさせ、梶原五百騎おめいてかく」と描かれており（『平家物語』巻第九「二度之懸」）、梶原景時ひきいる騎馬隊が平氏陣営に突入するさいに、逆茂木を取り除く存在として「足軽」が登場する。

『平家物語』に見られるこうした足軽の役割は、『太平記』の「前なる兵は城に向かい逢うて合戦を致し、後なる足軽は櫓《やぐら》をかき屛を塗りて、対城《むかいじょう》を取りすましたらんずる後、漸々に攻め落とすべし」という記述とも共通し（『太平記』巻二十「義貞自害事」）、足軽の工兵隊としての性格を示していて興味ぶかいが、(17) 治承・寿永内乱期の同時代史料で「足軽」の名称は確認できておらず、その成立と本来的性格の検討にかんしては今後の課題としたい。

武士だけでは戦争を勝ち抜けなかった

いずれにせよ、この段階における戦場では、このような人夫的兵士、工兵隊の存在は不可欠だったわけであり、攻撃の主力をなす騎馬隊も、こうして敵が構築した堀を埋め、逆茂木を取り除くような工兵隊が味方にあってはじめて、ほんらいの機動性・攻撃性を発揮することができたのである。

慈円《じえん》が著した『愚管抄《ぐかんしょう》』には、院近臣《いんのきんしん》であった藤原範季《のりすえ》が後白河院《ごしらかわいん》に「東国武士は夫までも弓箭にたずさいて候えば、此の平家かない候わじ」と語ったと記され（『愚管抄』巻第五）、人夫までも戦闘に加わっているらしいという中央貴族の東国反乱軍にたいする興味ぶかい認識を伝えている。

だが、ここではこの発言から逆に、ほんらいは直接戦闘にたずさわらない人夫も多数軍隊のなかに編成され、戦場に動員されていた、という当時の一般的状況のほうを確認しておきたい。そして彼らは直接戦闘員ではないものの、たんなる武器・兵粮の運搬要員でもなく、戦争を全体として遂行するうえできわめて重要な軍事的意義を担っていた点を強調しておきたいと思う。

戦争はけっして戦闘員だけで成りたつものではなく、武士は武士団構成員だけで戦争を勝ち抜くことはできなかったのである。

「平家物語史観」の克服

このように考えてくれば、本節の冒頭で紹介した平氏による和束杣工の動員令も、従来の通説とはまったく異なる解釈が可能であろう。

平氏による杣工の動員は同じ山城国の天山杣《あまやまのそま》でもおこなわれているが（〈寿永二年〉三月二十六日「源季貞奉書」〈興福寺文書、『平安遺文』八―四〇七九〉）、このような杣工の大規模な徴発は、戦闘員としての動員ではなく、むしろ戦場における彼らの職能に注目した動員であったと思われる。

というのも、じっさいに北陸道における火打城合戦での『平家物語』の描写に見られたように、戦場において大木を伐り逆茂木に引いて「城郭」を構築し、あるいは逆に敵が構築した「城郭」を伐り落とすといった工作は、有利に戦闘を進めるためにはどうしても必要であって、そのさいに杣工の職能は最大限有効に働いたと考えられるからである。おそらくは平氏軍による和束杣における集中的徴発も、このような戦場における杣工の工兵としての役割を前提になされたものと理解できよう。

とすれば、これはむしろ当時の戦争の実態に合ったものなのであって、杣工の動員自体から平氏軍制の弱体ぶりを読みとろうとする従来の通説は成立しないことになる。大規模な灌漑《かんがい》施設の整備などで平時に機能していた国衙を中心とする人夫役賦課のシステムを、和束杣で催促にあたった祝園荘住人「野の馬掾」などの在地武士団をつうじて、中央に軍事的に直結させたものとして、この時期の平氏の軍事体制はむしろ積極的に評価されるべきではないだろうか(18)。

この寿永二年(一一八三)段階は、東国の頼朝軍の動向も含めて、きわめて流動的な軍事情勢下にあったのであり、結果論的に平氏の敗北が、はじめから自明であるかのようにとらえることは正しくない。

むしろ流動的であったからこそ、平氏にかえて頼朝の軍事的成長に期待をかけることになった朝廷は、のちに検討するように、東国の反乱軍の軍事体制が西国に拡大していくことをそのまま追認していかざるをえなかったのである。

以上の分析から、平氏一門が滅亡し、鎌倉幕府が成立することをあたりまえとして発想する「平家物語史観」を克服することが、治承・寿永内乱史研究を進めるうえで重要であることが、読者にもおわかりいただけたと思う。

さて、鎌倉方は

平氏による杣工の動員がこのように当時の戦争の実態に合ったものだとすると、とうぜん頼朝が派遣した鎌倉軍のほうも同じような民衆動員をおこなっていたと考えるべきであろう。

残念ながら鎌倉軍が杣工の動員をおこなったことを示す具体的史料は残されていないが、史料に残された鎌倉軍の民衆動員のなかで興味ぶかいのは、春日社領であった摂津国垂水《たるみ》東《ひがし》・西牧《にしのまき》における住人の徴発である。垂水牧は寿永二年（一一八三）に春日社に寄進される以前は摂関家領の御牧で（寿永二年六月八日「摂政近衛基通家政所下文案」〈春日神社文書、『平安遺文』八―四〇九二〉）、同じ寿永二年に成立した和歌の注釈書『拾遺抄註《しゅういしょうちゅう》』によると、「東国の御牧」から朝廷に貢進された馬を、馬寮や「一の所」（摂関家）より預かって管理・飼育する特設御牧の一つであった(19)（『群書類従』第十六輯「和歌部」）。

春日社司が後白河院庁に差し出した解状《げじょう》（上申状）によると、その垂水東・西牧で寿永三年二月につぎのような事件が起こっている。

しかるに路次たるにより、追討使下向の時、雑人御牧に乱入し、御供米を取り穢し、住人等を冤陵《えんりょう》す。已に神威無きが如し。随いてまた兵士・兵粮米を宛て催さるべしと云々。御牧住人は皆神人なり。いかでか黄衣を脱ぎ、甲冑を著けんや。甚だ其の器量にあらず。
（寿永三年二月十八日「後白河院庁下文案」〈春日神社文書、『平安遺文』八―四一三一〉）

追討使が下向したさいに、雑人が御牧に乱入して狼藉をはたらいたうえ、兵士役・兵粮米を賦課しようとしたことが知られるが、ここでまず目にとまるのは、「路次たるにより、追討使下向の時」という文言である。

梶原景時の意外な側面

この「追討使下向」とは、寿永三年二月に解状が出されていることからすれば、明らかに同年二月七日に戦闘がおこなわれた生田の森・一の谷合戦に向かう鎌倉方の軍勢を指し、垂水東・西牧が「路次」にあたると記していることからすると、そのなかでもとくに京から直接に山陽道を下向して生田の森に向かった源範頼を総大将とする大手軍の動向であったことが判明する。

なお、戦場への軍隊の行軍は全軍が同時に進むわけではなく、いくつかの手に分かれて進発するのがふつうであったから、この場合の「追討使」の軍勢が具体的に誰を指すのかが問題となるが、二月四日に近隣の勝尾寺《かつおじ》が山陽道を下る梶原景時の軍勢によって資財の掠奪・

焼打ちを受け（『延慶本平家物語』第五本「梶原摂津国勝尾寺焼払事」）、また同じく興福寺領吹田荘《すいたのしょう》でも「追討使梶原平三景時」の軍勢に侵入された事実をふまえるならば（正嘉二年十二月二十五日「関東下知状案」〈春日神社文書、『鎌倉遺文』一一―八三三四〉）、垂水牧の場合も梶原景時軍の活動であった可能性が高い。

鎌倉方の大手軍の一隊が、このように垂水東・西牧に雑人を乱入させ、兵粮米の徴集とともに御牧住人に兵士役をかけ、生田の森まで動員しようとしている事実は、鎌倉方も平氏同様に、たしかに民衆動員をおこなっていたことを示しており、この事実だけでも従来の和束杣工動員令の通説的理解の誤りは明白である。

それとともに、当時の「城郭」が牧の施設を応用したものであり、また彼らが馬の世話にも慣れていることを考えれば、このばあいも平氏による和束杣工の動員と同様に、やはり当時の戦闘形態に即したものと評価することができよう。

そして、もしこの徴発が右のように梶原景時の軍勢によっておこなわれたと推定できるなら、作戦遂行に必要な非戦闘人員の確保や軍需物資の補給を指揮する、兵站《へいたん》指揮官としての景時のあらたな役割が見えてくるように思えるのであるが、いかがであろうか。

軍事動員と勧農

ところで、次章で詳しく述べるように、治承・寿永内乱期は戦乱の時代であるとともに、治承四年（一一八〇）の異常気象に端を発した数年間におよぶ大凶作・大飢饉の時代でもあった。この内乱期に、平氏や頼朝の支配領域では、たびたび農業経営の再建を目的とする「勧農《かんのう》」がはかられている。

たとえば、頼朝の派遣した鎌倉軍が、寿永三年（一一八四）一月二十日に木曾義仲軍を滅亡させ、さらに二月七日に生田の森・一の谷合戦で平氏軍を屋島に退却させて京・畿内近国を制圧すると、頼朝は二月二十五日の時点でつぎのような奏請を後白河院におこなっている。

一　朝務等の事

右、先規を守り、殊に徳政を施さるべく候。但し諸国受領等、尤も計らい御沙汰あるべく候か。東国・北国両道の国々、謀叛を追討するの間、土民なきが如し。今春より浪人等、旧里に帰住し、安堵せしむべく候。しからば来秋の比、国司を任ぜられ、吏務を行われて宜しかるべく候。

（『吾妻鏡』寿永三年二月二十五日条）

すなわち、頼朝はここで徳政の興行と諸国受領の設置を要請したのち、「謀叛《むほん》」の追討によって荒廃した東国・北陸の国々において、この春からみずからの責任において浪人らを旧里に帰住・安堵《あんど》させることを通告しているのである。

これは従来からも指摘されているように、まさに東国・北陸における勧農権の行使を宣言したものといえようが（田中稔前掲論文）、注意しておきたいのは、この勧農の具体的な中身の問題である。

戦後処理・復興対策

というのも、同じ奏請の二条目では、「一　平家追討の事」として「右、畿内近国、源氏・平氏と号して弓箭に携わるの輩幷びに住人等、義経の下知に任せて引率すべきの由、仰せ下さるべく候」と、平氏追討のための畿内近国における武士・民衆の総動員申請がなされており、この二条目との関連性に注目するならば、先の一条目は、戦線が西国に移ったこの時点で、東国・北陸諸国では一般民衆レヴェルでの軍事動員を解除しようとするものと理解されるからである。

つまり、内乱期の勧農の問題は、たんなる凶作・飢饉対策だけではなく、民衆動員の広範な展開という戦時体制の戦後処理・復興対策でもあったと考えられ、平氏軍が西国に後退したこの時点で、まず東国・北陸から実施されたものといえよう。のち平氏滅亡後の文治二年（一一八六）三月、頼朝はみずからの知行国九ヵ国において文治元年以前の官物の未進分を免除する方針を立て、それを諸国一般に適用するよう後白河院に提言しているが、そのさいに、諸国済物《せいもつ》の事、治承四年の乱より以後、文治元年に至るまで、世間落居せず。先ず朝敵追討の沙汰のほか、暫く他事に及ばず候の間、諸国の土民おのおの官兵の陣に結び、空しく農業の勤めを忘る。

（『吾妻鏡』文治二年三月十三日条）

と述べていることは、民衆の軍事動員と表裏の関係で勧農政策が提起されていたことを明瞭に示しているのである。

本章で指摘してきたような戦場への民衆の動員は、その職能や地理的条件に応じておこなわれたはずであるから、無制限にその規模を強調することは正しくない。各地における動員の実態を把握するためには、なお今後の慎重な検討が必要であろう。

しかし、戦後処理としての「勧農」政策の背景にある治承・寿永内乱期の諸国農村の疲弊、農業経営の破綻《はたん》状況が、こうした民衆の戦場への動員によって加速されたものであったことは、もはや疑う余地がないように思われる。

第四章　飢饉のなかの兵粮調達

1　軍勢の路次追捕

飢え死ぬるもののたぐい、数も知らず

鴨長明が著した『方丈記』は、治承四年（一一八〇）の異常気象にはじまった「養和《ようわ》の大飢饉」の京の惨状をつぎのように伝えている。

また、養和のころとか、久しくなりて覚えず、二年《ふたとせ》があいだ、世中飢渇《けかつ》して、あさましき事侍りき。或いは春・夏ひでり、或いは秋、大風・洪水など、よからぬ事どもうち続きて、五穀ことごとくならず。むなしく春かえし、夏植うるいとなみありて、秋刈り冬収むるぞめきはなし。

これによりて、国々の民、或いは地を棄てて境を出で、或いは家を忘れて山に住む。さまざまの御祈はじまりて、なべてならぬ法ども行わるれど、更にそのしるしなし。京のならい、何わざにつけても、みなもとは田舎をこそ頼めるに、絶えて上るものなければ、さのみやは操もつくりあえん。念じわびつつ、さまざまの財物、かたはしより捨つるがごとくすれども、更に、目見立つる人なし。たまたま換うるものは金《こがね》を軽くし、粟《ぞく》を重くす。乞食、路のほとりに多く、愁え悲しむ声耳に満てり。

前の年、かくの如く辛うじて暮れぬ。明くる年は立ち直るべきかと思うほどに、あまりさえ疫癘《えきれい》うちそいて、まささまに、あとかたなし。……築地のつら、道のほとりに、飢え死ぬるもののたぐい、数も知らず。取り捨つるわざも知らねば、くさき香《か》世界にみち満ちて、変わりゆくかたちありさま、目も当てられぬこと多かり。いわんや、河原などには、馬・車の行き交う道だになし。……

また、いとあわれなる事も侍りき。……仁和寺《にんなじ》に隆暁《りゅうぎょう》法印《ほういん》という人、かくしつつ数も知らず死ぬる事を悲しみて、その首の見ゆるごとに、額に阿字を書きて、縁を結ばしむるわざをなんせられける。人数を知らんとて、四・五両月を数えたりければ、京のうち、一条よりは南、九条より北、京極よりは西、朱雀《すざく》よりは東の、路のほとりなる頭《かしら》、すべて四万二千三百余りなんありける。いわんや、その前後に死ぬるもの多く、また河原・白河・西の京、もろもろの辺地などを加えていわば、際限もあるべからず。いかにいわんや、七道諸国をや。

(『方丈記』二)

治承四年の気候不順・大凶作、翌養和元年の大飢饉、さらに養和二年の疫病の流行、という京における悲惨な飢餓状況を、同時代人でなければ描けない生々しさで『方丈記』は伝えている。

治承四年の異常気象

鴨長明が記したように、たしかに治承四年は異常気象に見舞われた一年であった。『百錬《ひやくれん》抄《しょう》』治承四年七月条には、「去る五月より炎旱《えんかん》旬に渉る。天災競い発《おこ》るか。所々水皆絶ゆ」とあり、夏期に激しい旱魃に襲われたことが記されている。

当時権中納言であった中山忠親の日記『山槐記』同年八月六日条にも、「雨下る。去る六月より天旱《ひで》り、今日初めて下る。但し天下皆損亡し了《おわ》んぬと云々」とあって、八月六日（グレゴリオ暦九月四日）になってようやく雨が降ったものの、農作物への被害は救いがたい状況になっていたことが示されている。

そしてさらにこの年は、『方丈記』に記されていたように、秋には大型台風にも直撃されている。『山槐記』同年八月二十六日条には前日午後から「大雨大風」に見舞われたことが記されているし、関東地方でも『吾妻鏡』翌二十七日条に「申の剋已後、風雨殊に甚だし」とあり、午後四時前後から暴風雨圏内に入ったことがうかがえる。ちなみにこの日の午前中、衣笠城を落とされた三浦一族は海路安房《あわ》国へと逃亡し、石橋山合戦に敗れて逃走していた頼朝も、台風一過の翌二十八日に真鶴岬《まなづるみさき》より安房国に渡っている（『吾妻鏡』治承四年八月二十七、二十八日条）。

山口県佐波川《さばがわ》上流で鎌倉初期に東大寺再建のために伐採されたと思われる木片が見つかっており、その年輪を分析した山本武夫《やまもとたけお》氏の研究によると、治承四年にあたる部分に大風による裂け目の跡（クラック）が見出され、これも同じ台風の被害によるものと推定されている（山本武夫『気候の語る日本の歴史』）。

鴨長明が記した「或いは春・夏ひでり、或いは秋、大風・洪水など、よからぬ事どもうち続きて」という状況は、確実に存在したのである。

人、人を食らう――養和の大飢饉

こうした天災は、翌治承五年（養和元年、一一八一）には大飢饉となってあらわれた。(1)『百錬抄』治承五年六月条には「近日、天下飢饉、餓死者其の数を知らず。僧綱《そうごう》有官《かん》の輩も其の聞あり」とあり、大飢饉になっていたことが知られるが、それは翌養和二年（一一八二）になってもつづき、疫病の流行をもともなってさらに惨状を呈するようになる。『百錬抄』養和二年一月条には、

近日、嬰児を道路に棄て、死骸街衢《がいく》に満つ。夜々強盗、所々放火、諸院蔵人と称するの

輩、多くもって餓死す。それ以下数を知らず。飢饉前代を超ゆ。

とあり、『方丈記』に描かれた京中の悲惨さがけっして誇張ではなかったことが知られよう。左《さ》大弁《だいべん》吉田《よしだ》経房《つねふさ》は日記『吉記《きっき》』同年二月二十二日条に、五条河原付近において飢えた童が死人の肉を食したというショッキングな伝聞を書き留め、「定説を知らず」としながらも、「人、人を食らう、飢饉の至極か」とその衝撃を記している。

本章冒頭にも紹介したが、仁和寺の隆暁法印が京中の餓死者・病死者の額に「阿」の文字を書いてまわったところ、その数が「四万二千三百余り」になったと『方丈記』に伝えられているのは、同年四月・五月のことである。

そして五月二十七日には「養和」から「寿永」に改元がおこなわれているが、その理由はまさに「飢饉・兵革・病事」によるものだったのである（『百錬抄』寿永元年条）。

西も東も

ところで、荒川《あらかわ》秀俊《ひでとし》氏は東日本において通用した「旱魃に不作なし」ということわざを引用して、西日本が凶作であった治承四年も東日本では豊作であり、それが頼朝勢力拡大の背景になっていたと指摘している（荒川秀俊『災害の歴史』）。

しかし、たとえば摂関家領越後《えちご》国白河荘《しらかわのしょう》の作田注文《ちゅうもん》によると、治承四年分は領主城助職《じょうすけもと》に兵粮米として徴集されてしまい不明であるものの、西日本で旱魃による凶作がつづいていた治承五年には、白河荘においても作田率が大幅に減少しているうえに（これはおそらく前年の影響を受けたものであろう）、作田百四十九町八段百二十歩のうち損田は五十一町六段二百四十歩にものぼっており（建久八年五月日「越後国白河荘作田注文案」〈『鎌倉遺文』一―八〇〇一〉）、この約三四・五パーセントという損田率の異常な高さは、明らかに気象異変による凶作と判断されるのである（浅香年木「義仲軍団崩壊後の北陸道」）。西日本と東日本では豊作・凶作にズレが生じることは当然であるとしても、少なくとも治承五年には東日本においても凶作に見舞われていたことは確かといえよう。

治承五年は、三月に平氏軍が源行家をはじめとする反乱勢力を撃退した美濃・尾張国境の墨俣川合戦をはじめ、信濃国や北陸でいくつかの戦闘が起こるものの、治承四年の激動に比べれば全体的に沈静化し、以後、寿永二年（一一八三）にふたたび軍事情勢が流動化するまで、戦局は一種の膠着《こうちゃく》状態に陥ることになる。

この事態は、やはり深刻な大飢饉の影響によるものと考えざるをえないであろう。そして、それは平氏ばかりでなく、頼朝を含む反乱諸勢力の側にとっても同じだったのである。(2)

一国平均役――平氏による兵粮調達①

それでは、このような飢饉のなかで、軍勢の兵粮米はいったいどのように徴集されていたのであろうか。地方武士の場合は、先にも少し触れたように、越後国白河荘を本領とする在地領主城助職が、治承五年（一一八一）六月に信濃国に侵攻するにあたって、治承四年分の同荘から摂関家に納入すべき年貢米までそっくり兵粮米として徴発してしまっていた興味ぶかい事実が知られるが（前掲「越後国白河荘作田注文案」）[3]、そのほかは史料上の制約もあってあまり具体的に知ることはできない。

もっとも史料的に恵まれているのは、やはり寿永二年（一一八三）七月の都落ちまで「官兵」の地位にあった平氏の場合であり、以下、平氏による兵粮調達の形態について検討しておこう。

平氏による兵粮米調達でもっとも基本的な形態は、石母田正氏がすでに詳細に検討をおこなっている一国平均役《いっこくへいきんやく》としての賦課である（石母田正「鎌倉幕府一国地頭職の成立」）。これは諸国の国衙機構をつうじて「国内一同に宛て催す」（寿永二年四月十一日「散位藤原能季申文」〈天理図書館所蔵文書、『平安遺文』八―四〇八三〉）もので、一国内の荘園・公領を問わず平均に賦課される形態であった。

治承五年二月、尾張国まで進出してきた源行家を中心とした反乱勢力を美濃・尾張国境の墨俣川で迎撃するために、二月七日に「官使・検非違使《けびいし》を美乃国に遣わし、渡船等を点じ、官軍に渡すべきの由、同じくもって宣下す」という宣旨《せんじ》が発給され（『玉葉』治承五年二月八日条）、それをうけて伊勢《いせ》国留守所《るすどころ》は二月二十日に「早く宣旨状に任せて、二所太神宮神戸・御厨《みくりや》・御園《みその》幷びに権門勢家庄園・嶋・浦・津等を論ぜず、水手・雑船等を点定し、尾張国墨俣渡に漕送すべき事」という下文を出している(治承五年二月二十日「伊勢国留守所下文」〈書陵部所蔵壬生古文書、『平安遺文』八―三九五二〉)。

伊勢国内において伊勢神宮領・権門勢家領を問わず徴発を命じており、これなどは典型的な一国平均賦課の形態といえよう。なお、このときに水手・雑船だけではなく、兵粮米の徴集もおこなわれていたことは、じっさいに伊勢神宮領で徴発を完了した二月二十四日の「大神宮司庁出船注文」の一艘に「兵粮米積む」と記載されていることから明らかである(治承五年二月日「大神宮司庁出船注文」〈書陵部所蔵壬生古文書、『平安遺文』八―三九五六〉)。

こうした賦課形態は、寿永二年(一一八三)の北陸道遠征の準備段階まで一貫して見られ、たとえば前章で問題にした同年三月の山城国和束杣での兵士役・兵粮米賦課と同じころ、大和《やまと》国添上郡《そうのかみ》において兵士役の徴発にあたった藤原能季《よしすえ》が「国内一同に宛て催さるるの間」と述べていることを参考にすれば(前掲「散位藤原能季申文」)、兵粮米の徴集も同様の形態でおこなわれていたと考えられる(4)。

有徳役――平氏による兵粮調達②

平氏による兵粮米調達の在りかたで、つぎに検討したいのは、一国平均役の不足を補う目的で進められた、富裕者(有徳人《うとくにん》)を対象に賦課をおこなう有徳役の形態である(5)。

治承五年二月七日、「京中の在家、計らい注せらるべきの由、仰せ下さる。左右京職の官人、官使、検非違使等これを注す」という内容の宣旨が出され（『玉葉』治承五年二月八日条）、京中在家の検注（屋敷地の規模や住人の調査）が左右京職の官人・検非違使らに命じられている。その目的について官務小槻隆職《おづきのたかもと》と談じた右大臣九条兼実は、日記『玉葉』につぎのように書き記している。

京中の在家計らるる事、大略、公家富有の者を知《しろ》し食《め》し、兵粮米を宛て召さるべき故と云々。但し、兵粮米に限るべからず、院宮・諸家、併《しか》しながら宛て奉らるべし。是れ天下飢饉の間、富を割き貧に与うるの義なりと云々。（『玉葉』治承五年二月二十日条）

すなわち、京中在家の検注の目的は、京都に屋敷を有する住民のうち「富有の者」を調査・把握し、その者を対象に兵粮米を賦課しようとするものであって、同時にまた院宮・諸家の備蓄米の徴発をも実施し、京都住民の飢饉の窮状を救おうとするものであった。

京中在家の検注は兵粮米賦課の問題も含めて、このように飢饉対策としておこなわれたのであり、「天下飢饉」のなかでもあえて兵粮米の徴集をおこなおうとする朝廷・平氏の姿勢が、有徳役という兵粮米の新しい調達形態を生みだしたと理解されよう。

このような有徳役による兵粮米の徴発は、治承五年五月には大和国においても実施されている。そこでは、「国中有得者」にたいして兵粮米賦課をおこなっていた「官兵の使」が、賦課を逃れようとする「有得者」の屋敷地に乱入し、倉を検封するなどの実力行使におよんだことが知られるのである（『吉記』治承五年五月四日条）。

こうして治承五年には養和の大飢饉がひろがるなか、平氏はこのほかにも西海・北陸道などからの運上物を点定して兵粮米にあてるなどの提案をおこなって、なんとか兵粮米を確保しようと躍起になるが、これは公卿たちの反対にあって実現せず（『玉葉』治承五年閏二月六日条）、「兵粮已に尽き、征伐するに力なし」（同前）とか「凡そ官兵兵粮併しながら尽き了んぬ。更にもって計略無し」（『玉葉』治承五年三月六日条）といわれた状況は、容易に打開しようがなかったのである。

大飢饉がさらに拡大した翌養和二年（一一八二）三月、左大弁吉田経房は「兵粮米の事、万民の愁い、一天の費《つい》え、ただ此の事に在るか」と日記に記している（『吉記』養和二年三月二十六日条）。こうした状況のなか、目立った軍事行動がなくなり、戦線が膠着化していったのは、むしろ自然のなりゆきであった。

かように天下を悩ます事は只事に非ず——平氏による兵粮調達③

さて、大飢饉の年が明けた寿永二年（一一八三）、平氏は大規模な北陸道の遠征計画を立て、畿内近国に総力的な軍事動員体制を敷く。この時期に工兵として和束杣工にも集中的動員がかけられていたことは、もはや繰りかえすまでもないであろう。それでは、平氏の総力を結集し、四万とも伝えられている大軍勢の兵粮は、この時点では確保できていたのだろうか。そのことを考えるうえで興味ぶかいのは、『延慶本平家物語』のつぎの一節である。

片道給わりてければ、路次持て逢える物をば、権門勢家の正税官物《かんもつ》、神社仏寺の神物・仏物をも云わず、押し並べて会坂関《おうさかのせき》より、是れを奪い取りければ、狼藉《ろうぜき》なる事おびただし。ましてて、大津・辛崎《からさき》・三津・川尻・真野・高嶋・比良麓・塩津・海津に至るまで、在々所々の家々を次第に追捕す。かかりければ、人民山野に逃げ隠りて、遥かに是れを見遣りつつ、おのおのの声を調《ととの》えてぞ叫びける。昔よりして朝敵を鎮めんが為に、東国・北国に下り、西海・南海に赴く事、其の例多しといえども、此の如く、人民を費やし国土を損ずる事なし。されば源氏をこそ滅ぼして、彼の従類を煩わしむべきに、かように天下を悩ます事は只事に非ずとぞ申しける。

（『延慶本平家物語』第三末「為木曾追討軍兵向北国事」）

この記事によれば、寿永二年四月の中・下旬に順次北陸道に進発していった平氏軍には（『玉葉』寿永二年四月十四、二十三日条）、「片道給わりてければ」とあるように、往路の兵粮を北陸に向かう路次の地域で徴発・追捕《ついぶ》（住宅ないし施設に入って資財を差し押さえること〈田村憲美「『追捕』覚書」[6]〉することが朝廷から許されていた。

逢坂の関より街道においてたまたま出あった権門勢家・大寺社への年貢・官物などはもちろんのこと、街道筋にあたる村々に押し入り、村人の家から米や資財を手あたりしだいに掠奪しながら北上したのである。

いわば現地調達方式——路次追捕

鴨長明が『方丈記』において、「京のならい、何わざにつけても、みなもとは田舎をこそ頼めるに、絶えて上るものなければ」と記したように、凶作・飢饉の場合、京都は都市であるがゆえに被害もいっそう深刻になる。

寿永二年は前年の収穫・納入で事態は少し好転したとはいえ、大軍勢の遠征をまかなう兵粮を畿内近国で確保することができなかった平氏は、朝廷公認のもとに、ここでいわば現地調達方式に切りかえたのである。三、四月が農村では冬作麦の収穫期にあたっていたという事実も（木村茂光「中世成立期における畠作の性格と領有関係」）、このこととけっして無関係ではないだろう。

しかし、やっとの思いで大飢饉をしのぎつつあった街道沿いの村々にとっては、たとえ朝廷の承認を得たものであったとしても、これは残酷な掠奪行為にほかならない。その意味で、村人たちが山野に避難しつつも、集落を見下ろす山の上から平氏の軍勢にたいし、「かように天下を悩ます事は只事に非ず」と大声で叫んだという『延慶本平家物語』の記述は、この時期の民衆たちの心情をよく描いているといえよう(7)。

九条兼実は嘆く

しかし、このような路次追捕は、平氏軍による北陸道遠征に特殊なものとはならず、これ以後各地で展開するようになる。

たとえば、寿永二年（一一八三）五月に越中国砺波山で平氏の大軍を破った木曾義仲の軍勢は、源行家らの軍勢とともに平氏を追って同年七月末に入京するが、『延慶本平家物語』はこれらの軍勢についても、

平家西国へ落ち給いしかば、其の騒ぎに引かれて安き心なし。資財・雑具、東西南北へ運び隠すほどに、引き失う事、数を知らず。穴を掘りて埋《うづ》みしかば、或いは打ち破れ、或いは朽ち損じてぞ失せにける。浅猿《あさまし》とも愚かなり。増して北国の夷打ち入りにし後は、八幡・賀茂の領を憚《はばか》らず、青田を苅らせて馬に飼い、人の倉を打ち破りて物を取る。然るべき大臣・公卿の許《もと》なんどこそ憚りけれ、片辺《かたほとり》に付きては武士乱れ入りて、少しも穏《おだ》しき所なく、家々を追捕しければ、今食わんとて取り企てたる物をも取り奪われ、口を空しくしけり。家々には武士有る所もなき所も、門々に白旗立ち並べたり。路を過ぐる者も安き事

なし。衣装を剝ぎ取りければ、男も女も見苦しき事にてぞ有りける。

（『延慶本平家物語』第四「木曾都ニテ悪行振舞事付知康ヲ木曾ガ許へ被遣事」）

と描いており、制圧した京中での掠奪行為の凄まじさと、あわてて避難しようとする民衆の姿を生々しく伝えている。

木曾義仲や源行家の軍勢が入京して一ヵ月あまり経った寿永二年九月三日、義仲・行家軍に制圧される京都のようすを、九条兼実は同時代人の目でつぎのように『玉葉』に記している。

凡そ近日の天下、武士の外、一日も存命の計略なし。仍って上下多く片山田舎等に逃れ去ると云々。四方皆塞がり、……畿内近辺の人領、併しながら苅り取られ了んぬ。段歩残らず。また京中の片山および神社仏寺、人屋在家、悉くもって追捕す。其の外たまたま不慮の前途を遂ぐるところの庄公の運上物、多少を論ぜず、貴賤を嫌わず、皆もって奪い取り了んぬ。此の難市辺に及び、昨今買売《ばいばい》の便を失うと云々。天何ぞ無罪の衆生を棄つるや。悲しむべし、悲しむべし。

畿内近辺の所領では、ようやく実った稲も軍勢によって根こそぎ刈り取られ、神社・寺院・在家などはことごとく追捕をうけ、年貢・官物などの運上物も皆奪い取られていたという。この記事は、『延慶本平家物語』に描かれた状況が現実のものであったことを証言している。

なお、兼実は九月五日にも「京中の万人、今においては一切存命するに能《あた》わず。義仲、院の御領已下、併しながら押領《おうりよう》す。日々陪増し、凡そ緇素貴賤《しそきせん》涙を拭わざるはなし。憑《たの》むところ只頼朝の上洛と云々」と記し、義仲軍による掠奪から救われる途は頼朝の上洛しかないという世間の風評を伝えている。

しかし、翌寿永三年（一一八四）一月に義仲軍を破って入京した鎌倉軍は、たしかに京中の治安維持には努めようとするもの(8)の、たとえば生田の森・一の谷合戦に向かうさい、摂津国垂水東・西牧において「路次たるにより、追討使下向の時、雑人御牧に乱入し、御供米を取り穢し、住人等を冤陵す」（寿永三年二月十八日「後白河院庁下文案」〈春日神社文書、『平安遺文』八―四一三一〉）と訴えられるような掠奪をともなって進軍したことは、前述したとおりなのである。(9)

刈り取りを組織的に――補給部隊の活動

ところで、武士成立史を王朝国家の軍制史の観点から検討した戸田芳実氏は、十、十一世紀の国衙の軍隊のなかには、騎兵とは別の、兵粮の稲の刈り取りを組織的におこなうような人夫に近い歩兵＝「夫兵」が存在したという興味ぶかい指摘をおこなっている（戸田芳実「国衙軍制の形成過程」）。

このような部隊は、院政期においても確認することができ、たとえば康治《こうじ》元年（一一四二）十月に、目代《もくだい》・在庁官人らにひきいられた紀伊国衙の軍勢が大嘗会《だいじょうえ》所役をめぐって大伝法院《だいでんぽういん》領に乱入したさいには、「数百軍兵」とともに「数千人夫」が催され、彼らは稲・大豆の刈り取りや、在家・諸堂における資財や雑物の追捕・運搬活動に従事しているのである（康治元年十月十一日「紀伊国大伝法院三綱解案」〈根来要書上、『平安遺文』六―二四八一〉）。

治承・寿永内乱期の路次追捕が、たんなる場あたり的な掠奪ではなく、遠征をおこなうにあたり当初から予定されていた「合法的」軍事行動だったとすると、当然この時期の軍隊にも、兵粮の刈り取りや追捕活動を専門的におこなう補給部隊が組織されていたはずである。そして、目代ひきいる紀伊国衙の軍勢が発向したさいに、こうした活動に従事する存在として国内で人夫が徴発されていた事実をふまえるならば、おそらく治承・寿永内乱期においても、工兵隊と同様に、兵士役によって徴発された一般民衆が補給部隊を構成したものと思われる。

壇ノ浦合戦直後の元暦二年（一一八五）三月三十日、鎌倉方の讃岐国目代後藤兵衛尉《ごとうひょうえのじょう》にひきいられた「歩兵」が、「山落とし」（敵方の捜索）と号して長門国豊西南条《ぶんざいなんじょう》小野山に乱入し、土地証文までも含む資財の追捕をおこなっているが(10)（文治四年十月日「源有経解写」

〈阿弥陀寺文書、『鎌倉遺文』一—三四九〉）、この「歩兵」も讃岐国内から兵士役として徴発されてきた者たちだったに違いない。

最近、藤木久志《ふじきひさし》氏は、戦場は端境《はざかい》期の飢えた村人たちのせつない稼ぎ場であったとして、戦国期の傭兵＝出稼ぎ兵の実態を解明しているが（藤木久志『雑兵たちの戦場』）、この治承・寿永内乱期にも、まさに戦場に動員された村人たちが、軍隊の駐留地や路次地域の村人たちの資財を掠奪するという事態がつくりだされていたのである。

そして、ここでもう一つ藤木氏の研究に学ぶと、つぎのような史料に注意させられる。すなわち、鎌倉軍は寿永三年（一一八四）二月の生田の森・一の谷合戦にあたって、大阪湾をはさんで福原の対岸にあたる和泉《いずみ》国大鳥郷にも後詰《ごづめ》の部隊を駐留させ、平氏軍の和泉国への航行を迎撃する防衛ラインを築いているが（堀内和明「治承・寿永内乱期における大鳥郷の位置」「治承・寿永内乱と大鳥郷」、川合康「治承・寿永の内乱と和泉国」）、そのさいに大鳥郷の摂関家大番舎人《おおばんとねり》たちが、「武士逗留の間、或いは住宅を追捕し、或いは妻子・牛馬を追い取る」と駐留する軍勢の狼藉を訴えていることである（寿永三年二月十六日「摂政藤原基通家政所下文案」〈田代文書、『平安遺文』八—四一三〇〉）。

住宅の追捕や牛馬の掠奪とともに、ここに「妻子を追い取る」と見えるのは、藤木氏が指摘したとおり、戦場での人取り＝奴隷狩りが、軍勢の追捕活動の一環としてこの時期にも確実におこなわれていたことを示すものであろう。(11)

2　制札の成立

其の羽音雷を成す

それでは、このように人取りにまでおよんだ軍勢の路次追捕にたいして、追捕の対象となった街道筋や戦場近隣の村人たちは、いったいどのように対応したのだろうか。

治承四年（一一八〇）十月、東国の反乱鎮圧のために駿河国富士川の西岸に陣を敷いた「官兵」＝平氏軍は、反乱軍に投降する武士が続出し、結局戦闘をおこなわないまま退却する。富士沼《ふじぬま》の水鳥の羽音に驚いて総崩れになったという『平家物語』の有名なエピソードは、権中納言中山忠親が日記『山槐記』に「或る者」からの情報として、「兼ねてまた諸国の兵士、内心皆頼朝に在りて、官兵互いに異心を恐る。暫く逗留せば後陣を囲み塞がんと欲すと云々。忠景《ただかげ》等此の事を聞き、戦わんと欲するの心なきの間、宿の傍らの池の鳥、数万にわかに飛び去る。其の羽音雷を成す。官兵皆軍兵寄せ来たると疑い、夜中に引き退く。上下競い走る」と記していることからすると（『山槐記』治承四年十一月六日条）、どうも歴史的事実だったようである。

いとなみの火――富士川戦場の情景

さて、『平家物語』は、このように平氏軍が総崩れになる直前の富士川戦場の情景について、つぎのように描いている。

さる程に、十月二十三日にもなりぬ。明日は源平富士河にて矢合せと定めたりけるに、夜に入りて、平家の方より源氏の陣を見渡せば、伊豆・駿河の人民・百姓等がいくさに恐れて、或いは野にいり、山にかくれ、或いは船にとり乗って海河にうかび、いとなみの火の見えけるを、平家の兵ども、「あなおびただしの源氏の陣の遠火の多さよ。げにもまことに野も山も海も河もみな敵でありけり。いかがせん」とぞあわてける。

（『平家物語』巻第五「富士川」）

つまり、戦場から山野河海に避難した百姓たちの「いとなみの火」（物を煮炊きする火）を見て、平氏は源氏の軍勢の多さと勘違いし、それが平氏軍内部の動揺を誘っていたと記しているのである。

戦場から避難する民衆の動向がいわば平氏軍総崩れの伏線として描かれているのであり、この一節は、石井進氏が指摘したように、戦争にたいする一般民衆の対応とその影響を象徴するものといえよう（石井進『日本の歴史7　鎌倉幕府』）。

穴を掘り、白旗を掲げ——民衆が資財を守る方法

では、彼らの財産のほうはどうなっていたのだろうか。自分たちの米や麦、その他の資財が補給部隊によって家のなかから運びだされていくのを、避難先からこっそりうかがうしかなかったのであろうか。

すでに引用した『延慶本平家物語』には、北陸道に向かう平氏軍にたいして山の上から抗議の声をあびせかけた村人たちの姿が描かれていたが、こうした軍隊の追捕から、みずからの資財を守ろうとする彼らの具体的行動を知ることができるのは、これもすでに引用した木曾義仲・源行家軍の入京を描いた『延慶本平家物語』のつぎの一節である。

平家西国へ落ち給いしかば、其の騒ぎに引かれて安き心なし。資財・雑具、東西南北へ運び隠すほどに、引き失う事、数を知らず。穴を掘りて埋みしかば、或いは打ち破れ、或いは朽ち損じてぞ失せにける。浅猿とも愚かなり。

ここでは軍勢の追捕から逃れるために、京の周辺に資財・雑具を運び隠し、また穴を掘ってそれらを埋める民衆の動向が示されているのである。

京の周辺に資財・雑具を運び隠しているようすについては、あとで詳しく検討したいが、ここに見られる穴を掘って埋めるという方法は、十七世紀に成立した『雑兵物語《ぞうひょうものがたり》』にも、

その摘発の心得として、

又家内には米や着類を埋めるもんだ。そとに埋める時は、鍋や釜におつこんで、上に土をかけべいぞ。その土の上に霜の降りた朝みれば、物を埋めた所は必ず霜が消えるものだ。それも日数がたてば見えないもんだと云う。能々《よくよく》心を付けて掘り出せ。

（『雑兵物語』下巻「荷宰料　八木五蔵」）

と語られており、屋内の床下には食糧や衣類を埋め、屋外の場合は鍋や釜に財物を詰めて土をかけていたことが示されている。穴を掘って土のなかに埋める方法は、軍勢の掠奪から資財を守る方法の一つとして、近世に至るまでひろく民衆の間でおこなわれていたことが確認されよう（藤木久志「村の隠物・預物」）。

それとともに、もう一つここで注目しておきたいのは、先に掲げた京中での義仲・行家軍の掠奪を記した『延慶本平家物語』のつづきの部分に、

家々には武士有る所もなき所も、門々に白旗立ち並べたり。

と見えることである。

おそらくこれは、家の門に掲げられた白旗が源氏軍勢の寄宿先であることを表示し、その家は追捕の対象にならなかったことを利用して、寄宿地であるなしにかかわらず、皆が白旗を並べ立てたということであろう。

とすれば、この白旗は、のちに述べる「味方の寺社」の表示としての「制札」とも共通する機能をはたしていたことになり、そのもっとも素朴な形態を示すものとして注意しておく必要があると思われる。

梶原景時、勝尾寺を襲撃す

ところで、京の周辺に資財・雑具を運び隠していた民衆の動向を考えるうえで参考となるのは、近年解明が進められている「隠物《かくしもの》」の習俗である（高木昭作「乱世」、藤木久志「村の隠物・預物」）。

藤木久志氏の指摘によれば、中世社会では食糧や家財の一部を、町場から周辺の村へ、「里」村から「山」村へ、民家から寺社・有徳人の家などへ預ける「隠物」「預物」の習俗がひろがっており、戦乱から財産を保全する措置がとられていたという。それでは治承・寿永内乱期においてこのような隠物は、いったいどこに保管されていたのだろうか。

そこで注目したいのは、寿永三年（一一八四）二月四日、摂津国勝尾寺《かつおじ》が生田の森・一の谷合戦に向かうために山陽道を下る梶原景時の軍勢によって焼打ちされた事件である。『延慶本平家物語』や延宝《えんぽう》三年（一六七五）書写の『勝尾寺縁起』（『箕面市史　第一巻（本編）』一六〇ページ）は、この襲撃の事情をつぎのように記している。

> 元暦元年《（寿永三年）》二月四日、梶原一の谷へ向かいけるに、民共勝尾寺に物を隠す由をほの聞きて、兵の襲い責めしかば、老いたるも若きも逃げ隠れき。三衣《さんえ》一鉢《いっぱつ》を奪うのみにあらず、忽《たちま》ちに火を放ちにければ、堂舎仏閣悉《ことごと》く春の霞となり、仏像・経巻併しながら夜の雲とのぼりぬ。……然るを今滅ぼす所は仏閣・僧坊六十八宇、経論章疏《きょうろんしょうしょ》九千余巻、仏像・道具・資財・雑物、すべて算数の及ぶ処にあらず。
>
> （『延慶本平家物語』第五本「梶原摂津国勝尾寺焼払事」）

すなわち、景時の軍勢が勝尾寺に押し寄せた理由は、近隣の民衆が勝尾寺に資財を隠しているということを聞きつけたからで、寺僧が制止するのを排除して軍勢が乱入し、資財や衣類を掠奪したうえ、最後には焼打ちにまでおよんだのであった。勝尾寺再建のさいに作成されたと推測される「勝尾寺焼亡日記」によれば、衣類を剝ぎ取られた住僧は百余人にのぼり、抵抗した老僧が一人誅殺《ちゅうさつ》されたという（寿永三年二月日「勝尾寺焼亡日記」〈『箕面市史　史料編一　勝尾寺文書』二六〉）。

戦乱時における寺社の役割

このような軍勢の勝尾寺襲撃事件に注目した戸田芳実氏は、「戦乱の場合に地方の山間寺院が付近住民にたいして果たす役割の一つとして、その財産を保管することが考えられる」と指摘している（戸田芳実「中世箕面の形成」一六一ページ）。勝尾寺は南北朝内乱期の建《けん》武《む》五年（一三三八）三月にも、足利《あしかが》方の摂津国守護代から「兵粮米・諸人預物」の注進を命じられており、近隣民衆の隠物の保管場所としての役割を担いつづけていたといえよう（〈建武五年〉三月二日「権律師光祐請文案」〈『箕面市史　史料編二　勝尾寺文書』六一〇〉）。

こうした戦乱時における寺社の役割を示すそのほかの事例としては、たとえば承《じょう》久《きゅう》の乱における尾《お》張《わり》国熱《あつ》田《た》社の場合があげられる。

また去る承久の乱の時、当国の住人、恐れて社頭に集まりつつ、神籬《いかき》の内にて、世間の資財・雑具まで用意して、所もなく集まり居たる中に、或いは親におくれたるもあり、或いは産屋なる者もあり。神官共制しかねて、大明神を下し参らせて、御託宣を仰ぎ奉るべしとて、御神楽参らせて、諸人同心に祈《き》請《せい》しけるに、一禰宜《いちのねぎ》に託宣して、「我天より此の国に下る事は、万人を育み助けん為なり。折りにこそよれ、忌むまじきぞ」と、仰せられければ、諸人一同に声を上げて、随喜《ずいき》渇仰《かつごう》の涙を流しけり。

（『沙石集』巻第一「神明慈悲ヲ貴給事」）

これは鎌倉後期に僧無住《むじゅう》によって執筆された仏教説話集『沙石集《しゃせきしゅう》』の一節である。ここでは承久の乱にさいして熱田社の境内に資財・雑具まで運びこんで避難してきた「当国の住人」の姿と、「産屋《うぶや》なる者」＝産穢《さんえ》にある者までも境内に保護したとする熱田明神の慈悲が語られており、地域社会における寺社の重要な存在意義の一つがここに明瞭に示されているのである。

制約されたアジール

このように見てくると、読者のなかには、中世前期において寺社の境内はまさに一種の聖域であり、アジール（避難所）としての役割をはたしていたと思われる方も多いのではないだろうか。[12]

たしかに、戦乱時において寺社が民衆の身体と財産の安全を守るアジールとして期待され、それなりに機能していたことは右に述べてきたとおりである。

ただ問題は、それが権力＝軍勢の介入を排除しうるような不可侵性をもっていたかどうかであり、これについては、先に触れた義仲・行家軍の京中での掠奪について九条兼実が「神社仏寺」も「悉くもって追捕」されたと述べていることや（『玉葉』寿永二年九月三日条）、また梶原景時軍による勝尾寺襲撃のように、わざわざそうした場所を狙って軍勢が乱入する場合もあり、否定せざるをえないと思われる。

南北朝内乱が勃発した直後にあたる建武三年（一三三六）七月、勝尾寺は京都を奪還した足利軍の摂津国「一味衆《いちみしゅう》」によって、ふたたび大規模な掠奪にあっているが、前述した二年後の建武五年三月に摂津国守護代から「兵粮米・諸人預物」の注進を命じられたさいには、「去去年、当国一味衆寺中に寄せ来たり、乱入狼藉を致し候の後、近隣耳目を驚かせ候の間、怖畏を成し、当年は曾て預け置かず候」と寺僧は述べている（前掲「権律師光祐請文案」）。たとえ寺社であったとしても、軍勢が一度乱入すれば、当分の間その寺社は隠物の保管場所として機能しなくなったことを明示しているのである。

鎌倉殿御祈禱所なり――現存最古の制札

では、このような軍勢による乱入の危険を、寺社や近隣民衆はどのように回避したのであろうか。その点から興味ぶかく思われるのは、現存最古の制札が大阪府八尾《やお》市の玉祖《たまおや》神社に残されていることである。

河内国薗光寺は鎌倉殿御祈禱所なり。寺幷びに田畠山林等において、甲乙人等乱入妨げ有るべからざるの状件の如し。

文治元年十二月　日

平（北条時政）（花押）

（文治元年十二月日「北条時政制札」〈玉祖神社文書、『鎌倉遺文』一―三四〉）

これは文治元年（一一八五）十二月に、当時京都守護として鎌倉から上洛していた頼朝の舅北条時政《ほうじょうときまさ》が、河内国薗光寺《おんこうじ》にたいして発給した制札である。制札とは古文書学上の概念では木札に書かれた禁制のことをいい（田良島哲「南北朝時代の制札と禁制」）、このばあいは縦二一・二センチメートル、横一四・八センチメートル、厚さ〇・九センチメートルの木札が使用されている。[13]

文治元年　河内国薗光寺宛　北条時政制札
（八尾市玉祖神社蔵。写真提供／八尾市教育委員会）

文治元年十二月という時期

河内国薗光寺は「鎌倉殿御祈禱所」であり、寺中や寺域の田畠山林等において甲乙人（部外者一般）の乱入・妨げを禁止するという時政制札の内容は、一見すると平時において鎌倉殿（頼朝）祈禱所の聖域性を保障したものであるかのように理解

されてしまう。(14)

が、文治元年十二月という時期は、同年十月に源義経・行家らの頼朝にたいする反乱が畿内において勃発し、十一月末に一千騎の軍兵をひきいて上洛した北条時政によって、畿内近国に総力的な軍事動員体制が敷かれた段階にあたる。まさにその時期に、総司令官の地位にある京都守護北条時政によって発給された制札である以上、これは明らかに鎌倉方軍勢による境内への乱入と寺中での追捕《ちょうじ》を停止する制札であったと考えられる（川合康「鎌倉初期の戦争と在地社会」「兵の道と百姓の習い」）。

案文か正文か

ところで写真を見ていただければわかるように、この制札には釘穴があり、じっさいに掲示された形跡はあるものの、保存状態はきわめて良好であり、長期間屋外で風雨にさらされたあとはない。

この事実に注目した中村直勝《なかむらなおかつ》氏は、この時政制札を正文（原本）ではなく案文（写）と理解し、また、そもそも禁制の正文は紙に書かれて発給され、それを受け取った側で木札に書写した案文が制札であると主張した（中村直勝『日本古文書学』上巻）。

しかし近年、田良島哲《たらしまさとし》氏は、正文であることが明確であり、しかも釘穴すら存在せず、まったく掲示された形跡のない保存用の制札が存在することを明らかにし、制札の発給は、じつさいに掲示される木札と保存しておくための木札（または紙本）がセットで下されるのが、その本来の在りかたであったと推定している（田良島哲「六波羅探題発給の二枚の制札」「南北朝の制札と禁制」）。

この田良島氏の見解をふまえるならば、河内国薗光寺に発給された時政制札がたとえ保存状態がよく、長期間屋外に掲げられた形跡がなかったとしても、保存用の正文であった可能性があり、必ずしも案文とはいえないことになる。そしてまた、こうした鎌倉方軍勢の乱入・追捕を停止する制札が、近隣から軍勢が立ち去ってからも恒常的に掲示される必要があったのかどうかも、あらためて考えてみる余地があろう。

いずれにせよ正文か案文かの判定は、時政花押の分析などからおこなわれるべきであって、本書ではとりあえず、文治元年十二月の時点で畿内近国の総司令官である時政の制札が発給されているという事実に注目しておきたい。

制札成立の意義

治承・寿永内乱期の制札で現存するものは右の制札一つであるが、同じころに鎌倉方軍勢から平氏方として嫌疑をかけられた僧侶の居住する伊勢国河田《こうだ》別所では、安堵されたさいに「河田別所、鎌倉殿の御祈禱所の由、札を賜る」と史料上に見えており（文治二年一月日「行恵申状案」〈醍醐寺文書、『鎌倉遺文』一—四四〉）、文言から判断して薗光寺と同様の制札が給付されていたことが確認される。おそらくこのような鎌倉殿祈禱所の制札は、幕府や京都守護・惣追捕使（のちの一国守護）などによって、各地の寺社に給付されていたものと思われる。

なお「鎌倉殿御祈禱所」の制札文言は、この河田別所の事例に示されているように、寺社を鎌倉方軍勢の乱入・追捕から安堵するさいの一定の形式であって、それ以前から鎌倉殿祈禱所として頼朝から認定されていた寺社を対象に出されたわけではない。鎌倉方軍勢による追捕が広範に展開するなかで、それを回避するために、鎌倉軍の「味方の寺社」であることを表示する「鎌倉殿御祈禱所」という形式の制札が、祈禱や礼物を条件に寺社側からひろく要求され、給付されていったと考えられよう。

そして、ここで前述したような戦乱時における地域社会での寺社の役割を想起すれば、このような制札の発給は、たんに寺社内の僧侶・神官やその資財を安堵したにとどまらず、自分たちの貴重な財産を隠し置き、自身の安全をもとめて避難してきたような近隣民衆の安堵にもつながっていたはずである。

戦乱時における寺社にたいする制札の発給は、けっしてアジールとしての寺社の本来的性格から説明できる問題ではないだろう。むしろ寺社にたいしても広範に追捕活動を展開しようとする軍隊と、それを阻止しようとする地域民衆との緊張関係を理解してはじめて、治承・寿永内乱期において制札が成立した真実の意義が見えてくるように思われるのである。[15]

第五章　鎌倉幕府権力の形成

1　内乱期の御家人制

頼朝の旗揚げ

源頼朝が東国において旗揚げに成功した理由として、一般的にもっともよくなされる説明は、東国が十一世紀の源頼義《よりよし》・義家《よしいえ》以来の源氏の基盤であり、平氏政権下で圧迫されていた代々の源氏家人《けにん》が頼朝の挙兵と同時にいっせいにそのもとに馳せ参じたという理解であろう。

たしかに、第三章で少し触れたように、治承四年（一一八〇）八月に頼朝挙兵と呼応して相模国衣笠城で平氏方軍勢と戦った三浦義明が、「われ源家累代の家人として、幸いにその貴種再興の秋《とき》に逢うなり。なんぞこれを喜ばざらんや。保つところすでに八旬有余なり。余算を計るに幾ばくならず。今老命を武衛《（源頼朝）》に投げうちて、子孫の勲功に募らんと欲す」（『吾妻鏡』治承四年八月二十六日条）と述べ、「源家累代の家人」として、源氏の嫡流《ちゃくりゅう》にあたる

「貴種」頼朝の挙兵のときにめぐり逢えたことの喜びを語って、討死したことはよく知られている。

しかし、一人城中に残って討死し、それを子孫の勲功の賞にあてたいと願った老武者義明の発言が、どれほど一般性をもつものかはやはり慎重に検討する必要があろう。頼朝の伊豆国への配流《はいる》は永暦《えいりやく》元年（一一六〇）三月のことであり、治承四年八月の挙兵までにすでに二十年の歳月が流れている。

この間、頼朝の父義朝の配下にあった武士団が、じっさいにおこなわれるかどうかもわからない頼朝の挙兵を待ちつづけていたとはとうてい考えられず、野口実氏が解明しているように、むしろその多くは平氏軍制に編成されていたのである（野口実「平氏政権下における坂東武士団」）。命からがら逃亡した石橋山合戦での惨敗を見ればわかるように、頼朝の挙兵は当初からスムーズに進行したわけでは、けっしてなかったことを確認しておきたい。

恩こそ主よ

頼朝の挙兵をめぐる東国武士団の反応として興味ぶかいのは、石橋山合戦において平氏方軍勢をひきいる大庭《おおば》景親《かげちか》と北条時政との間でおこなわれた「言葉戦い」のつぎのような一節である。(1)

景親また申しけるは、「昔、八幡殿（源義家）の後三年の軍の御共して、出羽国金沢城を責められし時、十六才にて先陣駆けて、右目を射させて、答の矢を射て其の敵を取りて、名を後代に留めたりし、鎌倉権五郎景正が末葉、大庭三郎景親を大将軍として、兄弟親類三千余騎なり。御方の勢こそ無下に見え候え。いかでか敵対せらるべき」。時政重ねて申しけるは、「そもそも景親は、景正が末葉と名乗り申すか。さては子細は知りたりけり。いかでか三代相伝の君に向かい奉りて、弓をも引き、矢を放つべき。速やかに引きて退き候え」。景親また申して云わく、「されば主に非ずとは申さず。但し昔は主、今は敵、弓矢を取るも取らぬも、恩こそ主よ。当時は平家の御恩、山よりも高く、海よりも深し。昔を存じて、降人になるべきに非ず」とぞ申しける。（『延慶本平家物語』第二末「石橋山合戦事」）

ここで大庭景親は、源義家に仕えた先祖鎌倉権五郎景正《かまくらごんごろうかげまさ》の武功を誇りながらも、いまでは平氏のもとで多大な御恩を受けていることを強調し、「恩こそ主よ」と言いはなっているのである。

ひとえに汝を恃む

おそらく東国武士団の多くは同じような反応だったに違いない。同じ源氏一門であった上野国の新田《にった》義重《よししげ》ですら、「故陸奥守（源義家）の嫡孫をもって、自立の志を挿む」（『吾妻鏡』治承四年九月三十日条）と、新田氏こそが義家の嫡流にあたるとして、頼朝が源氏嫡流であることを認めず、その挙兵に当初は応じようとしなかったのである。

二十年間にもわたる流人生活を送っていた頼朝のもとには、姻戚の北条氏をはじめ、安達《あだち》盛長《もりなが》や三善康信《みよしやすのぶ》などの頼朝の乳母《めのと》関係者、近江国の佐々木氏や伊勢国の加藤氏などの浪人、伊豆国内において平氏家人として勢力を伸ばしていた伊東祐親《いとうすけちか》や目代山木兼隆《やまきかねたか》と対立する在地武士などが参向していたにすぎなかった（野口実「流人の周辺」）。

挙兵にさいして、頼朝が武士一人一人を閑所によんで「ひとえに汝を恃む」と「慇懃《いんぎん》の御詞」をつくしたという逸話も（『吾妻鏡』治承四年八月六日条）、頼朝の政治家的体質を物語るというよりは、むしろ正直な感情の吐露だったのではないだろうか。

石橋山合戦後に安房国に逃亡して、千葉常胤《ちばつねたね》や上総介広常《かずさのすけひろつね》の大軍を味方に引き入れるまでは、とても関東に覇権を確立する実力など頼朝は有していなかったのである。

千葉・上総氏の思惑

では、なぜ千葉常胤や上総介広常は頼朝のもとに参向したのであろうか。

下総国の千葉氏は、十二世紀前半には本領千葉荘《ちばのしょう》のほかに立花郷《たちばなごう》や相馬御厨《そうまのみくりや》・国分寺などの所領を有していたが、保延《ほうえん》二年（一一三六）に立花郷と相馬御厨は国守藤原親通《ちかみち》に官物未進を理由に没収され、以後、下総国に急速に勢力を伸張させた藤原親通の子孫に圧迫される

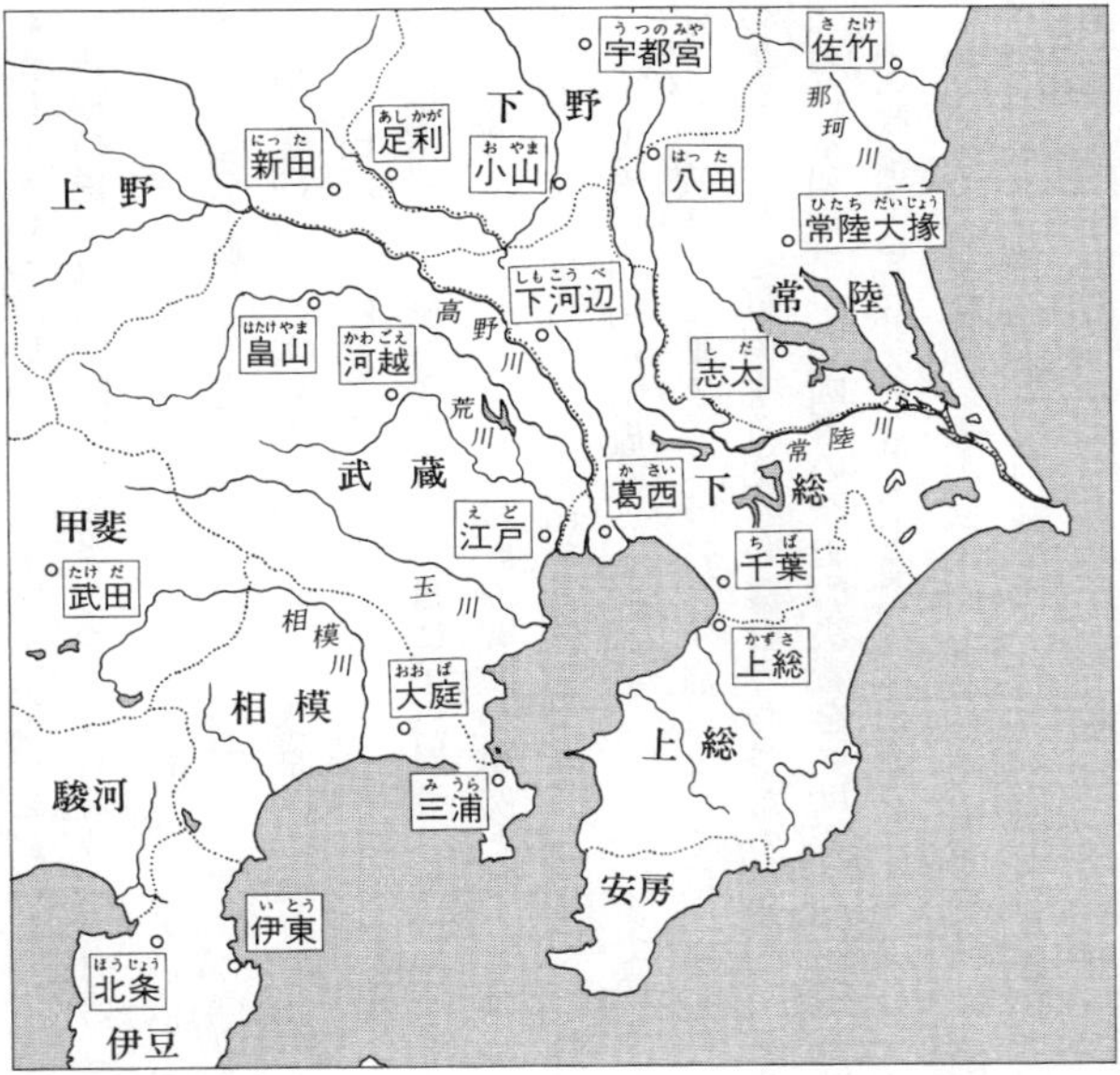

関東武士団の分布
各武士団の系譜はつぎのとおり。
頼義流源氏＝佐竹・新田・源姓足利・武田・志太
良文流平氏＝千葉・上総・葛西・江戸・河越・畠山・大庭・三浦
直方流平氏＝北条
維幹流平氏＝常陸大掾
秀郷流藤原氏＝小山・下河辺・藤姓足利
為憲流藤原氏＝伊東
頼義流源氏でも挙兵当初から頼朝のもとに参向したのは、足利などのごくわずかな一族にすぎず、頼朝の20年におよぶ流人生活の間に、「一門更に勝劣なし」という状況が生まれていた（第六章・巻末系図も参照）

状況におちいっていた（野口実「十二世紀における坂東武士団の存在形態」）。

親通の孫で皇嘉門院《こうかもんいん》判官代であった藤原親政《ちかまさ》は平忠盛《ただもり》（清盛の父）の婿となって平清盛とつうじ、その姉妹も平重盛《しげもり》の妾となって資盛《すけもり》を生んでいる（『吾妻鏡』治承四年九月十四日条、『尊卑分脈』第一篇「為光公孫」）。中央の平氏とこのように密接に結合し、千田荘《ちだのしょう》を本拠に下総国内で一大勢力を築きあげた藤原氏の最大の被害者こそ、同国の最有力在庁であった千葉氏だったのである。

千葉常胤は治承四年九月十三日に子息胤頼《たねより》らを遣わして「平家方人《かたうど》」であった下総国目代を襲撃させ、さらに翌日には藤原親政の軍勢と戦って勝利をおさめたのち、十七日に下総国府において頼朝のもとに参向する（『吾妻鏡』治承四年九月十三、十四、十七日条）。

このとき、頼朝が常胤を「父となすべし」とまで語ったことは有名なエピソードであるが、野口実氏が指摘するように、常胤にとっては「藤原氏は父常重以来の怨敵であり、頼朝の挙兵はこれを打倒する絶好の機会」だったのであり、千葉氏の藤原氏との合戦は「下総国における覇権を争う両者の歴史的決着をつける」性格を色濃くもっていたのである（野口実「平氏政権下における坂東武士団」二〇七ページ）。

いっぽう、上総国最大の武士団であった上総氏は、玉崎荘《たまさきのしょう》を中心に上総国内はもちろん下総国にまで勢力をもつ両総平氏の族長の地位にある武士団で、もちろん誇張はあるにしても、治承四年九月十九日に上総介広常は「二万騎」をひきいて頼朝のもとに参向したと『吾妻鏡』が伝えるほどの有力武士であった（『吾妻鏡』治承四年九月十九日条）。

治承三年（一一七九）十一月、平清盛が後白河院を鳥羽殿に幽閉してクーデターを強行したさい、上総国司に平氏家人藤原忠清《ただきよ》を補任《ぶにん》したが、上総介広常は、じつはこの藤原忠清と深刻な対立状況におちいっていたことが指摘されている（野口実「平氏政権下における坂東武士団」）。つまり、広常もまた千葉氏と同様に、国内での地位や地域社会における現実的利害と密接にかかわって、頼朝の挙兵に参加するという政治的選択をおこなったのである。

佐竹攻め

頼朝のもとに結集したこのような有力武士団の政治的思惑《おもわく》は、頼朝ひきいる反乱軍全体の動向をも規定することになる。

治承四年十月、駿河国富士川合戦で平氏軍が敗走すると、頼朝は平氏軍を追って上洛を主張するが、そのさいに、千葉常胤や上総介広常らは、つぎのように述べて頼朝を諫《いさ》めたという。

常陸国佐竹太郎義政《よしまさ》幷びに同冠者秀義《ひでよし》等、数百の軍兵を相率いながら、未だ帰伏せず。就中、秀義父四郎隆義《たかよし》、当時平家に従いて在京す。其の外、驕れる者なお境内に多し。しからば、先ず東夷を平らぐるの後、関西に至るべしと云々。

（『吾妻鏡』治承四年十月二十一日条）

頼朝は結局この常胤や広常の諫言《かんげん》にしたがって、常陸《ひたち》国の佐竹氏攻略に向かい、以後、源頼義以来の「御曩跡《ごのうせき》」である鎌倉にとどまって、反乱軍として朝廷に敵対したまま東国経営に専念することになる。

これは結果的に鎌倉幕府成立過程においてきわめて重要な意義をもつ決断となったが、じつはその常陸国佐竹氏と上総・千葉両氏との間で相馬御厨をめぐって長年の紛争がつづけられていた事実を知るとき、彼らが頼朝の上洛を阻止し、佐竹攻めを主張した意図は明瞭となろう（野口実「十二世紀における坂東武士団の存在形態」）。そこには彼らの個別的利害がまず反映されていたのである。

内乱の推進力

近年、この時期の政治史について詳細な分析をおこなった河内祥輔《こうちしょうすけ》氏は、治承・寿永内乱期の武士の動向を、平氏クーデター・以仁王の挙兵事件を契機とした「義兵」＝朝廷権威の回復運動として理解している（河内祥輔『頼朝の時代』）。

しかし、積極的な対朝廷外交を進めようとする頼朝にたいして、広常が「何でう朝家の事をのみ身苦しく思うぞ。ただ坂東にてかくてあらんに、誰かは引きはたらかさん」と述べて（『愚管抄』巻第六）、東国の反乱状態の継続を主張したと伝えられていることをふまえれば、後白河院政の復活と同時に内乱の終息を予想した王朝貴族の皮相な観察を超えて（『玉葉』治承五年閏二月六日条）、内乱の深化・拡大を推し進めていったのは、このような地域社会レヴェルでの現実的利害に基づく在地武士層の動向であったと考えるべきではないだろうか。

頼朝の伊豆における旗揚げも、通常は、諸国源氏に挙兵をよびかけた以仁王の令旨が契機となったと説明されている。しかし、頼朝の挙兵が以仁王の挙兵から三ヵ月を経てなされていることに注目した元木《もとき》泰雄《やすお》氏は、頼朝が蜂起した要因を以仁王の令旨ではなく、以仁王の挙兵事件以後の軍事的緊張の高揚にともなう東国での平氏家人の活動の活発化にもとめている（元木泰雄「平氏政権の崩壊」）。

源氏の流人であった頼朝はもちろんのこと、平氏軍制から疎外された東国の武士たちのなかには、所領支配のみならず、自身の存亡の危機にまで直面していた者もあったのであり、そうした切羽詰まった現実の状況が、頼朝に挙兵をうながし、それを実行させた最大の要因であったと推測されるのである。

そして、頼朝が富士川合戦後のようにみずからの反乱軍を構成している有力武士団の意向に左右される状況を脱して、東国の軍事集団内部で主導性を確立するようになるのは、平氏西走後、朝廷から東国支配権を公認された寿永二年（一一八三）十月宣旨を獲得し、さらに同年末に上総介広常を暗殺した段階のことであったと思われる（川合康「武家の天皇観」）。

追討宣旨を読み懸ける

ところで、治承・寿永内乱期の戦争には右のような有力武士層ばかりではなく、村落領主クラスの「器量に堪うる輩」までがひろく動員対象となり、軍勢が飛躍的に膨れあがったことは第二章で述べたとおりである。それでは、そのような大軍勢は、いったいどのように駆りあつめられたのであろうか。

国内の名だたる武士の場合は、出陣をよびかける「廻文《めぐらしぶみ》」が回覧されていたことは、『平家物語』の記載などで明らかであるが（『平家物語』巻第六「廻文」・巻第八「緒環」、『儒林拾要』「廻文　五十七」〈『続群書類従』第三一輯下〉）、いわばその他大勢にあたる「駆武者」の催促については、田中文英《たなかふみひで》氏が「官兵」＝平氏軍のばあいについて、つぎのような軍勢催促の実態を明らかにしている（田中文英「治承・寿永の内乱」）。

すなわち、治承四年（一一八〇）十一月七日、源頼朝・武田信義《たけだのぶよし》の謀叛にたいして「東海・東山・北陸等道、強弱を論ぜず、老少をいわず、表裏力を勠《あ》わせ、逆賊を討たしむ」ことを命じた追討宣旨が出されているが、そこには追討使平維盛にたいして「宜しく遐邇《かじ》に布告し、詳しく委曲を知らしめよ」と宣旨の内容をひろく布告することを命ずる文言があり（『吉記』治承四年十一月八日条）、追討使はみずからの責任において宣旨の内容を布告しながら軍勢を催促していくのが、基本的形態であったことがうかがえるのである。

その在りかたをより具体的に示しているのは、同年十月の富士川合戦に向かう平氏の東国追討軍のようすについて描いた『延慶本平家物語』の一節である。

平家の討手の使、三万余騎の官軍を卒して、国々宿々に日を経て、宣旨を読み懸けれども、兵衛佐(源頼朝)の威勢に怖れて、従い付く者なかりけり。駿河国清見関《きよみがせき》まで下りたりけれども、国々の輩一人も従わず。

（『延慶本平家物語』第二末「平家ノ人々駿河国ヨリ逃上事」）

ここでは、追討軍は路次にあたる「国々宿々」で日数をかけて宣旨を「読み懸け」ながら、「国々の輩」を動員しようとしていたことが記されており、まさに追討宣旨を直接に「読み懸ける」という方法によって、軍勢催促がおこなわれていたことを示しているのである。『吾妻鏡』には、頼朝が以仁王の令旨を軍旗の横上につけて出陣していたことが記されているが（『吾妻鏡』治承四年八月二十三日条）、おそらく反乱軍側も以仁王令旨を読み懸ける形態で軍勢の動員をおこなっていたと想像されよう。

ただ、このように述べると、軍勢催促は宣旨や令旨などの朝廷権威を背景にしてはじめて実現したかのように理解するむきもあるだろうが、これはけっしてそうではない。右に引用した『延慶本平家物語』の一節に明確に示されているように、動員に応じるかどうかは国々の武士や「器量に堪うる輩」の政治的判断に委ねられていたのであり、いくら追討宣旨を獲得したとしても、不利な状況にあると判断されたばあいには、けっして軍勢は集まらなかったのである。

文治元年（一一八五）十月十八日に頼朝追討宣旨を獲得しながらも、軍勢が集まらず、宣旨を首にかけて都から逃げ出さなければならなかった義経の惨めな姿は（『愚管抄』巻第五）、そのことを象徴的に示している。

主人を替えるのはあたりまえ

元暦二年（一一八五）三月、平氏一門が壇ノ浦合戦で滅亡すると、平氏追討軍として派遣されていた御家人の一部が、京都において頼朝に無断で朝廷から官職を拝任するという事件が起こった。

『吾妻鏡』元暦二年四月十五日条におさめられた「東国の住人任官の輩の事」は、このときに自由任官した御家人の名前を列挙し、頼朝が彼らにあびせた罵倒の文言が片仮名交りで記されており、口頭でいわれた言葉がそのまま書かれていると推定される興味ぶかい史料である（網野善彦「日本の文字社会の特質」）。

この史料には、その御家人の過去の経歴なども記されているが、いま注目したいのは、平氏方あるいは木曾義仲方の陣営から、鎌倉方に転身をはかったつぎのような御家人の存在である（なお読み下し文にするため、これまでと同様に片仮名は平仮名に改めた）。

渋谷馬允　父在国なり。しかるに平家に付きて経廻せしむるの間、木曾大勢をもって攻め入るの時、木曾に付きて留まる。また判官殿《（源義経）》御入京の時、また前参し、度々の合戦に心は甲にてあれば、前々の御勘当を免し、召し仕わるべきのところ、衛府して頸を断られんずるはいかに。よく用意して、加治に語らいて、頸玉に厚く金を巻くべきなり。

首を斬られないよう、鍛冶屋に注文して首っ玉に厚く金でも巻いておけ、という記載からは、頼朝の怒りの表情までが浮かんでくるようであるが、ここで問題としたいのは、馬《うまの》允《じょう》に任官した渋谷《しぶや》重助《しげすけ》の経歴である。

というのも、相模国渋谷荘にあった父重国《しげくに》が石橋山合戦後に頼朝に服属したのちも（『吾妻鏡』元暦二年五月九日条）、重助は在京したまま平氏方に属してその軍事行動に参加し、寿永二年（一一八三）七月に平氏が西走して木曾義仲軍が入京すると、平氏にしたがわずに義仲方に属するようになった。

さらに寿永三年（一一八四）一月に義仲軍を討って鎌倉方の源義経軍が入京すると、今度は義経の手に属して頼朝の御家人になったという。つまり、京都を制圧する諸勢力の推移にあわせて、重助は順に主人を替えてきているのである。

渋谷重助は、右の記載にも見えるように合戦の場では勇猛な働きをし、このように自由任官して頼朝の怒りを買うまでは、鎌倉方の「精兵」として活躍している（同前）。内乱期においては、頼朝や義経にとっても、直面する戦争にこのような武士をいかに鎌倉方軍勢として動員するかのほうが優先されたのであり、重助の事例は、御家人の認定（頼朝との主従関係の設定）が軍事動員本位で進行していたことを明瞭に示しているのである。

草木の風に靡くが如し

このような当時の主従制の在りかたは、近世の主従制、あるいは近代の天皇への絶対的恭順を内容とする臣民道徳の在りかたからすれば、意外に思われるかもしれない。しかし、中世社会においては人身的隷属関係をもつ主従制よりも、去就向背の権利をもつ双務契約型がむしろ一般的であり、西ヨーロッパのレーン制に近いという理解が通説となっている(2)。

ましてこのばあいは内乱状況のなかであり、各軍勢の勢力圏の推移にともなって渋谷重助と同じような途をたどった武士は少なくなかったに違いない。『延慶本平家物語』には、元暦二年（一一八五）二月の屋島合戦で鎌倉方に投降した田口成直《たぐちしげなお》にひきいられてきた兵たちが、義経に向かって、これは国々の駆武者にて候。誰を誰とか思い進《まい》らせ候べき。ただ草木の風に靡《なび》くが如くにて候べし。我が国の主たらんを君と仰ぎ奉るべし。
（『延慶本平家物語』第六本「能盛内左衛門ヲ生虜事」）

と口々に述べ、義経の軍勢に加わったと記している。誰を主人と決めているわけではなく、ただ風に靡く草木のように、国内で覇権を確立する人物を主君として仰ごうと思う、という発言は、内乱期の駆武者の政治的動向を率直に表明したものといえよう。

そして、このようなその他大勢にあたる駆武者の動向こそが、内乱の趨勢《すうせい》を根底から規定する。いったん不利な状況に陥るや、軍勢は雪崩《なだれ》を打つかのように急速に敵方に寝返っていくのであり、頼朝の御家人はこうして膨れあがる。

平氏一門の壇ノ浦での滅亡はもはや時間の問題となっていたのである。

軍事動員のなかで——内乱期御家人制の特質

すでに述べたように、鎌倉幕府の御家人制は、このような平氏追討戦争における軍事動員のなかで形成されていく。しかし、内乱期御家人制は軍事動員を契機として設定された主従関係であったために、以下のような構造的特質をもっていたことに注意しなければならないであろう。

まず第一に、こうした動員によって御家人に編成された国々の駆武者は、前述したように、戦局の展開にともなう勢力基盤の移動によって平氏・源氏双方に動員された経験をもつ者が多く、このばあい、たとえ鎌倉方に最終的に動員されたとしても、御家人としての意識はおそらく希薄であるという点である。

第二に、これは従来からもよく指摘されているように、畿内・西国において御家人の編成に直接たずさわったのは、頼朝の代官として派遣された源義経や範頼、さらには各国に遣わされた惣追捕使《そうついぶし》などの軍事指揮官レヴェルであり、ここからは鎌倉殿頼朝にたいする奉公の観念は現実問題として生じにくいという点である。

第三に、これもすでに触れたことであるが、たとえ自発的に鎌倉方に参向してきた者であっても、たとえば伊予国道前《どうぜん》地方を支配下におさめる在庁新居《にい》氏が平氏方、道後《どうご》地方を支配下におさめる在庁河野氏が鎌倉方に属したように（田中稔「鎌倉時代における伊予国の地頭御家人について」）、そこには地域社会における領主間競合に基づいた現実的利害が反映されているばあいが多く、こうした利害から離れて平時においても御家人として恒常的に組織されるかどうかは、必ずしも明確ではなかったという点である。

そして第四に、文治三年（一一八七）九月に北条時定《ときさだ》による摂津国「河辺船人」の御家人認定が頼朝の意向によって停止されているように（『吾妻鏡』文治三年九月十三日条）(3)、この段階の戦争と軍事動員の在りかたに規定されて、御家人編成までが武士や「器量に堪うる輩」に限定されず、一般民衆を含んでいたのではないかと考えられる点である。

むろんこうした事態はそのつど停止されていたであろうが、そもそも内乱期における御家人編成の対象が、少なくとも全国的内乱をむかえるまでの平氏のもとでは編成の対象とならず、また編成する必要もなかったに違いない広範な階層の武装能力をもつ者であった以上、その範囲はきわめて曖昧《あいまい》な性格をもっていたと思われるのである。

内乱期御家人制は、治承・寿永内乱期の戦争における現実の軍事動員から形成されたものであったために、その内実は以上のような特質をもっていたのであって、これを内乱終息後の平時に存続させていくためには、なんらかの再編を加えなければならない構造を有していたのである。

2　「反乱体制」の一般化——荘郷地頭制の展開

文治勅許

平氏一門が壇ノ浦合戦で滅亡して半年あまり経った文治元年（一一八五）十月十八日、源義経・行家らによる頼朝にたいする反乱が畿内において勃発し、収束しつつあった軍事的緊張はふたたび高まることとなった。

頼朝は、畿内・西国において総力的な軍事動員体制を再構築するとともに、義経・行家にたいして頼朝追討宣旨を発給した後白河院の政治責任を追及する目的で、十一月二十四日に一千騎の軍勢とともに北条時政を京都守護として上洛させた（『玉葉』文治元年十一月二十四日条）。そして、その北条時政の要請によって、十一月二十九日（論者によっては十二月六日）に義経・行家追討の目的で、諸国に地頭職《じとうしき》の設置を認めるいわゆる「文治勅許《ぶんじちょっきょ》」が発給されたといわれている。

この地頭職とは、全国の荘園や郷などの国衙領に頼朝が御家人を補任（任命）するもので、御家人にたいして新しい所領を地頭職補任という形式で給与する権限を、頼朝は文治勅許によって獲得したと理解されてきたのである。

現在でも高校の日本史教科書などで、一一八五年に地頭が設置されたと記載されているのは、このようなかつての通説に基づいているのであり、法制史の立場からは、この文治勅許こそが、所領を媒介とした主従関係を「歴史上の制度」にまで高めたものであり、「日本の封建制度の端緒」をつくったものとして高く評価されてきたのである（牧健二『日本封建制度成立史』四八ページ）。

守護・地頭論争の展開

しかし近年、このような文治勅許にたいする評価は大きく動揺しつつある。その契機となったのは、一九六〇年の石母田正氏による「国地頭《くにじとう》」の発見であった（石母田正「鎌倉幕府一国地頭職の成立」「文治二年の守護地頭停止の史料について」)。石母田氏の論点を本書にかかわる範囲で簡単にまとめると、つぎの二点になろう。[4]

① 文治勅許によって成立したのは、従来いわれてきたような荘・郷を単位とする荘郷地頭職ではなく、国単位で設置された国地頭職であったこと。

② 荘郷地頭職が設置された範囲は通説のように全国津々浦々の任意の荘園・公領ではなく、基本的に平家没官領《へいけもつかんりょう》・謀叛人跡などの没官領に限定されたものであったこと。

まず①の点にかんしては、石母田氏が文治勅許によって成立したと主張した国地頭職は、最近、三田《さんだ》武繁《たけしげ》氏によってふたたびその存在を疑問視する見解が提起されており(三田武繁「文治の守護・地頭問題の基礎的考察」)、学界での定説は存在しない状況にあるといえよう。ただ、ここで確認しておきたいことは、たとえ文治勅許で設置されたのが国地頭ではなかったとしても、それはのちの守護につながる惣追捕使の設置であったと考えられ、もはや旧説のように荘郷地頭職の補任権がこの時点で頼朝にあたえられたとは理解できないことである。

私自身の考えとしては、「国地頭」という名称でよばれた可能性を認めるものの、その性格は、平氏追討戦争の過程で兵粮米の賦課や軍事動員を担う存在として各国に派遣された惣追捕使が、前述のような義経・行家の反乱を契機とする軍事的緊張の高まりのなかで、この時点で再設置されたものであると考えている。[5]

つぎの②の荘郷地頭職の設置範囲にかんしては、平家没官領・謀叛人跡に限定されていたとする石母田説はすでに定説となっており、[6] それに即した荘郷地頭職の成立過程が検討されるに至っている（大山喬平「没官領・謀叛人所帯跡地頭の成立」）。

ここでいう「平家没官領」とは、寿永二年（一一八三）七月に都落ちした平氏一門の荘園・所領を朝廷が没収したもので、翌寿永三年三月に後白河院から頼朝に恩賞として一括給付されたものである。謀叛人跡とは、「平家没官領注文」に入らなかったその他の平氏所領や、平氏方武士、あるいは木曾義仲方武士の所領など、謀叛人一般の財産として内乱の過程で没収されていった所領である。頼朝が荘郷地頭職を設置することができたのは、じつはこうした所領に限られていたわけである。

下文を見てみれば……

話題が少し抽象的になったので、具体的に頼朝が御家人を地頭職に補任した下文を見てみよう。

（花押《（源頼朝）》）

下す　伊勢国波出御厨
　補任す　地頭職の事
　　「左兵衛尉惟宗忠久」（異筆）
右、件の所は、故出羽守平信兼の党類の領なり。しかるに信兼謀反を発すに依り、追討せしめ畢んぬ。仍って先例に任せて公役を勤仕せしめんがために、地頭職に補するところなり。早く彼の職として沙汰致すべきの状件の如し。以て下す。
　　元暦二年六月十五日
（元暦二年六月十五日「源頼朝下文」〈島津家文書、『平安遺文』八―四二五九〉）

この頼朝の袖判《そではん》下文は、元暦二年（一一八五）六月に伊勢国波出御厨《はでのみくりや》の地頭職に御家人惟《これ》宗《むね》（島津）忠久《ただひさ》を補任したものである。

頼朝下文の内容からうかがえるように、波出御厨はもとは伊勢平氏の有力武士であった出《で》羽守《わのかみ》平《たいらの》信兼《のぶかね》の家人の所領であったが、信兼は前年の元暦元年七月に伊勢・伊賀両国において鎌倉方にたいして反乱を引き起こした嫌疑で討たれており、その事件にかかわった武士の所領が謀叛人跡として鎌倉方軍勢によって没収され、地頭職補任に至っているのである。(7)

頼朝が地頭職を補任することができた所領は、こうしたいわば敵方所領の没収地であった。そしてここで、この下文が発給された月日に注目すれば、これが同年末の文治勅許以前

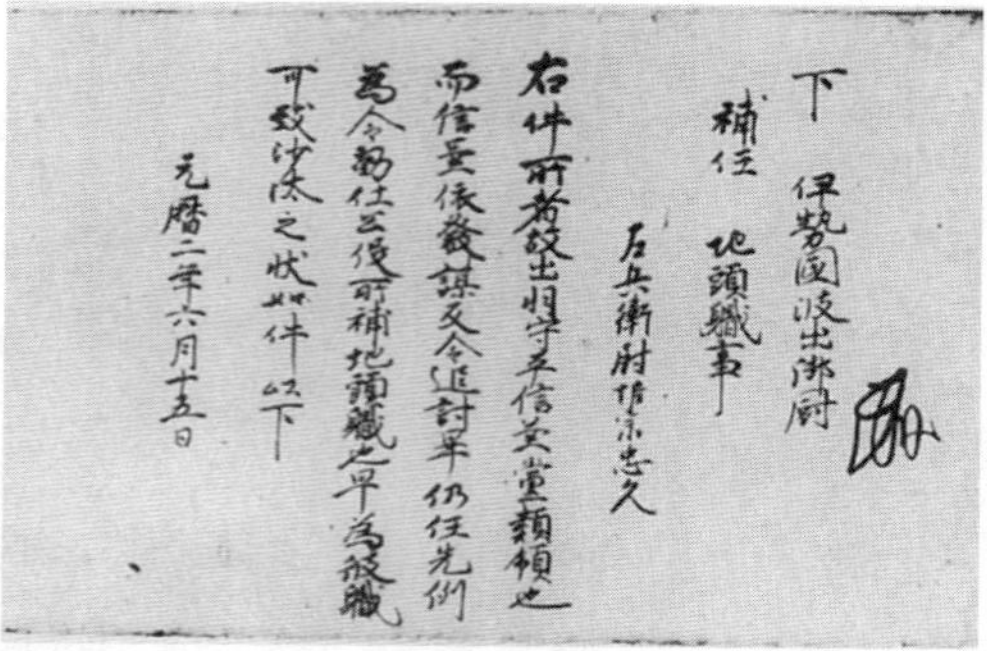
下　伊勢国波出御厨
補任　地頭職事
左兵衛尉惟宗忠久
右件所者故出羽守平信兼党類領也
而信兼依発謀反令追討畢　仍任先例
為令勤仕公役所補地頭職也　早為彼職
可致沙汰之状如件　以下
元暦二年六月十五日

源頼朝の袖判下文　文書の右の部分（袖）に頼朝の花押が据えてある。この形式から「袖判」の名がある（東京大学史料編纂所蔵）

であることが知られる。

荘郷地頭職の設置は、畿内近国においても、文治勅許以前からすでにおこなわれていたのである。文治元年十一月に大江広元が建策し（『吾妻鏡』文治元年十一月十二日条）、文治勅許によってはじめて守護・地頭が設置されたかのように理解することは、もはや幻想にほかならないといえよう。

敵方所領没収

先ほど頼朝が地頭職を補任できたのは、いわば敵方所領の没収地であったと述べたが、そのように考えてみると、こうした敵方所領の没収は何もこの時期にはじまったことではなく、治承四年（一一八〇）八月の頼朝挙兵直後からすでに東国ではおこなわれている。

『吾妻鏡』によると、治承四年十月に相模国の波多野義常《はたのよしつね》の松田郷（『吾妻鏡』治承四年十月十七日、十一月二十日条）、河村義秀《かわむらよしひで》の河村郷（『吾妻鏡』治承四年十月二十三日条）、山《やまの》内経後《うちつねとし》の山内荘（同前）などの没収、十一月には常陸国の佐竹秀義《さたけひでよし》の常陸国奥七郡・太田・糟田・酒出などの没収（『吾妻鏡』治承四年十一月八日条）、翌治承五年三月には遠江国の浅《あさ》羽宗信《ばむねのぶ》・相良頼景《さがらよりかげ》の所領（『吾妻鏡』治承五年三月十四日条）、下総国の片岡常春《かたおかつねはる》の所領（『吾妻鏡』治承五年三月二十七日条）などの没収というように、敵方所領の没収は挙兵直後から頼朝の反乱軍の軍事的成長とともに一貫して進められている。

そして、このような敵方没収地の御家人にたいする給与も、治承四年十月二十三日の相模国府での論功行賞をはじめとして（『吾妻鏡』治承四年十月二十三日条）、すでにおこなわれているのである。

地頭職という名称は元暦二年（一一八五）以後になって固定化される名称であり(8)、挙兵段階におけるこうした敵方没収地の給与は、必ずしも地頭職という名称で統一されていたわけではないが、いま名称は問題ではない。鎌倉方に敵対した武士たちの所領を没収し、鎌倉殿がその没収地を御家人に給与するというシステム自体、のちの地頭制度とまったく同質であるという点こそ重要なのである。

では、なぜ頼朝は挙兵直後からこのように敵方所領を没収し、没収地給与をおこなっていたのであろうか。

敵方本拠地の軍事的占領

そこで注目されるのは、敵方所領没収の内容である。敵方所領没収は、敵方武士本人が逃げ帰っている場合にはその身柄を拘束するとともに、妻子の捕縛、所領・住宅の点定、資財の追捕などを内容とした、敵方本拠地の軍事的占領行為だったのである（川合康「鎌倉幕府荘郷地頭職の展開に関する一考察」）。

たとえば、治承五年（一一八一）九月に下野《しもつけ》国の足利《あしかが》（藤原）俊綱《としつな》を鎌倉軍が攻めたさいに、つぎのような頼朝下文が出されている。

仰せ下す　和田次郎義茂が所
　俊綱（足利）の子息郎従たりといえども、御方に参向する輩を罰すべからざる事。
右、子息兄弟と云い、郎従眷属と云い、桐生の者を始めとして、御方に落ち参るにおいては、殺害に及ぶべからず。また件の党類等の妻子眷属幷びに私宅等、取り損亡すべからざるの旨、仰せ下さるるところ件の如し。
　　治承五年九月十八日
（『吾妻鏡』治承五年（京都年号養和元年）九月十八日条）(9)

この頼朝下文は、足利俊綱の一族・家人のなかで鎌倉方に投降した武士についてはその殺害を禁じ、その妻子や従者を搦《から》め捕ったり、私宅等を損亡させてはならないと命じている。九月十三日の時点で足利俊綱が討たれているにもかかわらず（『吾妻鏡』治承五年九月十三日条）、このような下文が追討軍の和田義茂《わだよしもち》に出されているのは、追討軍の軍事行動の一環として藤姓足利氏の本拠地（下野国足利荘を中心とする下野・上野国境付近の平野部〈野口実「平氏政権下における坂東武士団」「十二世紀における坂東武士団の存在形態」〉）が制圧され、敵対する勢力がいる場合にはさらにその追討がおこなわれるからにほかならない。敵方所領没収は、こうして何よりもまず、本拠地に温存されている可能性がある敵方勢力の制圧という軍事的要請から進められていたのである。

必然的に展開する戦争行為

そしてまた、そのうえでおこなわれる没収地給与も、一方ではもちろん御家人にたいする恩賞としての意義をもちながら、他方ではその地域における占領行為の継続化政策としての軍事的意義をもつものであった。頼朝はのちに西国における地頭職の設置について、

また伊勢国においては、住人梟悪《きょうあく》の心を挿み、已に謀反を発し了んぬ。しかるに件の余党、なおもって逆心直らず候なり。仍って其の輩を警衛せんがために、其の替りの地頭を補せしめ候なり。

（『吾妻鏡』文治二年六月二十一日条）

と後白河院に述べ、また伊予国の知行国主であった九条兼実にたいしても、

> 但し今においては、諸国の荘園平均に地頭職を尋ね沙汰すべく候なり。その故は、是れ全く身の利潤を思うに非ず候。土民或いは梟悪の意を含み、謀反の輩に値遇し候。或いは脇々の武士に就き、事を左右に寄せ、ややもすれば奇怪を現わし候。其の用意を致し候わずば、向後定めて四度計なく候わんか。しからば伊予国に候といえども、庄公を論ぜず、地頭の輩を成敗すべく候なり。
>
> （『玉葉』文治元年十二月二十七日条）

と語っている。ここでは謀叛人跡への地頭職の補任、すなわち敵方没収地の御家人への給与がもつ、謀叛再発防止における軍事的意義が明瞭に示されているのである。

挙兵以来東国で進められた敵方所領没収と没収地給与は、このように敵方本拠地の軍事的占領という戦争行為に本質をもつものであった。これまでの鎌倉幕府研究は、戦前の牧健二《まきけんじ》氏の「委任制封建制度」論[10]（牧健二前掲著書）以来、幕府権力の形成を朝廷からの公権委譲によって理解しようとする傾向が強く、鎌倉幕府荘郷地頭制にかんしてもそのような観点から公武交渉や授権内容をめぐる厖大な論争が積み重ねられてきた。

しかし、荘郷地頭制は右に検討してきたように内乱期の戦争状態において必然的に展開す

る戦争行為だったのであり、なんらかの明確な法的根拠によって成立するような性質のものではけっしてなかったのである。

そしてこのように理解できるとすれば、地頭制度成立の可能性はなにも幕府のみに限定されなかったことになる。つまり、敵方所領没収が進展する規模の戦争状態さえ前提とすれば、平氏をはじめ他の院政期の軍事貴族のもとで荘郷地頭制が成立してもなんの不思議もないのである。

ところが、現実的には鎌倉幕府のもとでしか成立しなかった。それはなぜかという点について、つぎに考察してみよう。

平氏の限界

鎌倉幕府荘郷地頭職が、平家没官領と謀叛人跡という没官領に限定されていたことは繰りかえすまでもないが、没官領という用語はたんに没収地という意味ではなく、律令国家の国家的刑罰であった没官刑に由来する。

没官刑は、謀反（謀叛）・大逆と見なされた重大な国家反逆罪一般にたいして適用された、資財田宅の官庫への没収刑であった[11]。朝廷がおこなう刑罰のうちでこの没官刑が重要視されるようになるのは、荘園公領制が形成された院政期段階からである。

とくに大規模な没官を執行した保元《ほうげん》元年（一一五六）の保元の乱以降は、後白河院による権門寺院統制策としてたびたび没官刑が打ち出されている（田中文英「後白河院政期の政治権力と権門寺院」）。謀叛・違勅の罪科と主張し、寺領荘園の没官を宣言することは、仏事＝宗教活動の一種の国営化を遂行しようとするものであり、王朝国家にとって有力寺社勢力をもっとも有効に威嚇《いかく》する方策となっていたのである。

そして、たとえば保元の乱にさいして、頼朝の父源義朝《よしとも》が後白河天皇の命を受けて摂関家の東三条邸を没官した事実に見られるように（『兵範記』保元元年七月八日条）、戦乱時においてはきわめて軍事的色彩の強い没官刑が断行されている。ここでは没官刑として、軍事的占領行為がおこなわれていたのである。

しかし、没官刑は律に基づいた国家的刑罰である以上、たとえ執行を義朝に命じたとしても、その主体はあくまで朝廷であったことに注意しなければならない。宣旨などによる国家意志の表明がないかぎり、それは没官刑の執行とは認められなかったのである(12)。

また没官刑の執行がこうしておこなわれる以上、当然ながら没官領も朝廷に帰属することになる。戦場が京都であった保元・平治《へいじ》の乱はもちろんのこと、地方における反乱鎮圧のばあいでも、追討使として派遣された軍事貴族は、現地で家人たちに直接没官領を給与することはできず、朝廷に勲功の賞を推挙することで、太政官―国衙機構をつうじて没官領は給与されていくのである（下向井龍彦「王朝国家国衙軍制の構造と展開」）。

たしかに、平治元年（一一五九）に勃発した平治の乱によって、源義朝の勢力を滅ぼした平氏一族やその家人は、多くの没官領を獲得したはずである[13]。

しかし、それは没官領であるかぎり、反乱鎮圧にたいする朝廷からの恩賞であって、けっして棟梁たる清盛からの恩賞ではない。ここに、既存の国家体制内で成長した当該期の軍事貴族の限界があったのである。

「反乱軍」の強み

いっぽう、鎌倉幕府のばあいは、形式的にも鎌倉殿が没官刑の執行主体として登場し、没官領も鎌倉殿の名において独自に給与されていく。つまり、敵方所領没収と没収地給与の在りかたがそのまま没官刑のシステムとして統合されているのである。

では、なぜ幕府のもとで旧来の国家的刑罰としての没官刑システムは否定され、鎌倉殿を頂点とする新たな没官刑システムが創出されたのだろうか。

ここでまず何よりも重要なことは、頼朝を中心とする東国の軍事集団が既存の王朝国家の体制内からではなく、まさにみずからが王朝国家にたいする反乱軍として出発した点である。頼朝が挙兵した治承四年（一一八〇）八月から、その存在が朝廷によって公認される寿永二年（一一八三）十月宣旨までは、いわゆる東国独立国家段階であり（上横手雅敬「鎌倉幕府と公家政権」）、頼朝は謀叛人として王朝国家に敵対する関係にあった。この段階からすでに頼朝のもとで広範に敵方所領没収が推し進められていたことは、先に検討したとおりである。

じつはこの事実こそが重要なのである。というのは、このばあい、王朝国家からは頼朝自身が謀叛人として位置づけられているのであるから、頼朝のもとで進められる敵方所領没収に、国家的刑罰としての従来の没官刑システムは適用されない。それゆえに、頼朝は独自に敵方没収地を御家人に給与することができたからである。

自分自身が謀叛人として出発したからこそ、頼朝は従来の没官刑の在りかたにまったく影響されず、みずからの名において敵方没収地の給与を進めることができたのであった。

そして、朝廷には弱みがあった

ただ、つぎに問題となるのは、なぜ頼朝の存在が王朝国家によって公認された時点で、このような反乱段階における敵方所領没収と没収地給与の在りかたが否定されなかったのか、である。

この点にかんしては、頼朝が公認された寿永二年十月という時期に注意する必要がある。この時点では、すでに第三章でも少し触れたように、依然として西国では平氏が強大な勢力を保っており、また京都は木曾義仲軍と源行家軍の制圧下にあった。このような状況のなかで、頼朝の軍事的優位性はいまだ確定していなかったのである。

こうした流動的情勢下において、頼朝に期待をかけた朝廷は、まずその軍事活動の進展を待たねばならず、これを規制し、さらには頼朝が東国で形成してきた権力の在りかた自体を否定することにもなる、従来の没官刑システムの適用はおこないがたかったのではないだろうか（川合康「鎌倉幕府荘郷地頭制の成立とその歴史的性格」、上横手雅敬「封建制と主従制」）。

じっさい、寿永二年七月におこなわれた「平家没官領」を最後にして、朝廷による没官刑の執行は見出せなくなり、平氏追討とともに鎌倉方軍勢による敵方所領没収と頼朝による没収地給与は西国にまで拡大していく。

王朝国家が反乱軍の軍事体制を内乱状況のなかでそのまま追認した結果、鎌倉殿を頂点とする新しい没官刑システムが事実上形成されていったのである[14]。そしてこのような新しい没官刑システムは、やがては承久三年（一二二一）の承久の乱において、後鳥羽上皇の所領を幕府が「謀叛人跡」として没官するという事態までも現出させることになるのである。

鎌倉幕府荘郷地頭制とは、このように東国の反乱軍の軍事体制と、律に基づく没官刑という国家的刑罰とが、内乱を契機に統合されることによって形成された特徴的な中世国家の軍事制度であった。それは、これまでの研究が立脚してきた「公権委譲」というような既存の国家体制内の産物ではけっしてなく、「治承・寿永の内乱」という未曾有の全国的内乱の歴史的所産だったのである。

御家人の没官活動

さて、このような荘郷地頭制の展開に、御家人たちがいったいどのように関与していたのかという問題についても、検討しておくことにしたい。公権委譲論から頼朝の補任権獲得をあつかってきた従来の研究視角では、彼らは没官領を鎌倉殿から恩賞として拝領し、ただ地頭職に補任されるだけの客体でしかなかったからである。

そこでまず問題としたいのは、鎌倉方軍勢による敵方所領没収＝謀叛人跡没官の形態である。これには、

① 頼朝が謀叛人と認定した個人名を具体的にあげてその所領の没官を御家人に指令するばあい。
② 個人名をあげないで不特定多数の謀叛人跡の没官を御家人に指令するばあい。
③ 御家人が自発的に謀叛人跡の没官をおこなうばあい。

の三つの形態があったことに注意する必要があろう。

①の形態については、たとえば元暦二年（一一八五）五月に、平氏の有力家人平貞能《さだよし》・盛国《もりくに》らの鎮西所領の注進を源範頼に命じている事例などがこれにあたる（『吾妻鏡』元暦二年五月八日条）。なお、このときの範頼の謀叛人跡注進がたんに事務的調査だけではなく、じ

つさいに没収をともなっていたことは、頼朝がその所領に地頭職を補任するまでは、とりあえず「沙汰人」を差し置くよう命じていることから明らかである（『吾妻鏡』元暦二年七月十二日条）。このように個人名が指示されているばあいは、各国の国衙にたいする「文書調進の役」などの命令権をつうじて、(15)もっとも容易に没官は進められたと思われる。ただし、頼朝が鎌倉で把握できる謀叛人の名前は、敵方軍勢のなかの有力武士にかぎられていたと考えられるから、こうした没官形態はおのずと限界がある。

②の形態については、たとえば元暦元年（一一八四）七月に「鎌倉殿の仰せ」を受けて中《なか》原親能《はらちかよし》が京中でおこなっていた平家領調査や（元暦二年七月二十四日「一院御座作手等解案」〈白河本東寺百合文書、『平安遺文』八―四一八五〉、元暦二年七月二十六日「中原親能書状」〈白河本東寺百合文書、『平安遺文』八―四一八六〉）、同時期に起こった伊勢・伊賀平氏の反乱後、伊勢国在住の御家人加藤光員《かとうみつかず》が同国内でおこなった謀叛人跡調査などがあげられよう（大山喬平前掲論文）。

このばあいは、①の特定個人の所領没官ほど簡単には進行しない。加藤光員が元暦元年の乱に参加した敵方武士全体を把握していたことなどはありえないし、中原親能の調査にしても平氏関係者の数は彼の知る範囲をはるかに超えていたはずである。結局、国衙などをつうじて事務的に割り出せる所領は限定されており、それ以外は彼ら自身でいったい誰が謀叛人にあたるのかという根本的な点から独自に調査を進めなければならなかったのである。

かつて「新中納言家《（平知盛）》」の「侍二人」に押領された経緯をもつ一院御座《いちのいんござ》作手《つくて》らの藺田《いでん》（畳の原料となるイグサの栽培田）四段百二十歩を、親能が「平家領たるの由、其の聞こえ有り」という理由で没官し、作手らの妻子を召し籠めてしまった事件は（前掲「一院御座作手等解案」「中原親能書状」）、不特定の平氏関係所領を洗い出すために京中で徹底した聞き込み調査がおこなわれていたことを示している。

そして③の形態は、御家人が自発的に、謀叛人跡の没官をおこなうばあいである。たとえば、河内国長野荘《ながののしょう》・天野谷《あまのだに》は寿永二年（一一八三）五月に越中国砺波山合戦において討死した平氏方武士源貞弘《さだひろ》の所領であったが、長野地域をめぐって貞弘と競合関係にあった河内石川源氏の嫡流石川義兼《いしかわよしかね》は、貞弘死後両荘を「没官所」と称して没収し、のち両荘の地頭職に補任されている[16]（建久六年七月九日「八条院庁下文案」〈金剛寺文書、『鎌倉遺文』二―八〇四〉）。これなどは明らかに、近隣の御家人が独自の判断でおこなった没官といえるだろう。

鎌倉追認地頭

ところで、この石川義兼による没官で興味ぶかいのは、義兼が没官をおこなった謀叛人跡の地頭職にそのまま補任されている事実である。いわば鎌倉追認地頭ともよぶべき存在であるが、じつはこのような存在は特殊なものではなかったことに注目しておきたい。

承久三年（一二二一）五月に勃発した承久の乱では、安芸《あき》国沼田《ぬた》荘の地頭であった小早川《こばやかわ》茂平《しげひら》が、隣接する都宇《つう》・竹原《たけはら》荘や生《い》口島《くちじま》荘の荘官らが後鳥羽上皇の京方に加わったとして没官をおこない、それらの地頭職に補任されている。(17) このばあいも、石川義兼と同様の鎌倉追認地頭である。

また安芸国能美《のみ》荘では、治承・寿永内乱期につぎのような経過で地頭職が設置されている。すなわち、「作田争論」によって高須《たかす》宗久《むねひさ》を殺害した同荘下司宗能《むねよし》らが、国衙守護所の城（葉山）頼宗《よりむね》に保護をもとめていったにもかかわらず、たまたま治承・寿永の内乱が勃発し、御家人となった城頼宗によって宗能らの所領は没官され、その頼宗が地頭職に補任されてしまったというのである（嘉禎二年三月日「安芸国能美荘下司公文重代注文」〈正閏史料外編二能美太郎右衛門家蔵、『鎌倉遺文』七―四九五四〉）。この事例などは、鎌倉追認地頭の一般的な存在を前提に、直接には謀叛人にあたらない人物の所領までも御家人が没官し、地頭職を獲得した具体例といえよう。

荘郷地頭職とは、このように御家人が謀叛人跡を没官・注進することによって、みずから獲得できる職であった。したがってその性格は、いわば必然的に、地頭職獲得を目的とした御家人の軍勢による「謀叛の類番と謂いて、彼と云い此と云い、其の身を搦め取らんと擬す」（文治二年二月日「宇佐美祐茂下文案」〈醍醐寺文書、『鎌倉遺文』一―五八〉）という事態を惹起させていったのである。

河田旧御霊神社の神像（多気町教育委員会提供）

大橋御園・河田別所武士乱入事件

三重県多気《たき》町河田《こうだ》は近世から平氏伝説地として有名であるが、その伝承は平清盛に置換されて地元では清盛生誕地と伝えられ、平氏が信仰していたとされる河田旧御霊神社（河田神社）には現在も平安期の神像二体（三重県指定文化財）が残されている。(18)

ここに、『平家物語』や『吾妻鏡』にいっさい登場しない伊勢平氏一族の有力武士がいた。河田《こうだ》入道蓮智《れんち》、その俗名を平貞正《さだまさ》といい、平忠盛の弟（清盛の叔父）にあたり、伊勢守の経歴が確認されるほどの人物である（『台記』久寿元年四月二日条、康永三年八月日「法楽寺文書紛失記」〈田中忠三郎氏所蔵文書、京都大学影写本〉など）(19)。

この河田入道の子息に行恵《ぎょうえ》（仮名《けみよう》多米《ための》正富《まさとみ》）という僧侶がいたが、その行恵の所領である伊勢国大橋《おおはし》御園と河田別所槻本《つきもと》御園でつぎのような武士乱入事件が起こっている。本章の最後にこの事件を紹介しておきたいと思う。

文治元年（一一八五）十二月二十五日夜中、突如「数多の武者」が大橋御園に乱入し、行恵を搦め捕ろうとした。行恵はいち早く逃げ出して難を逃れたものの、武士たちは倉々や御園内蓮華寺の住房に押し入って、納物をことごとく追捕したため、その状況を見た御園百姓らは「山林」に逃げ出してしまったという。

行恵はすぐさまこの惨状を訴え、京都守護北条時政より「神宮御座の郷内、武士の乱妨を停止し、神役を勤めしむ」という外《げ》題安堵《だいあんど》（訴状の右端＝袖に安堵の文言と証判を加えたもの）を得ることができたため、所司住人らが帰住すると、翌文治二年一月十二日夜中、ふたたび武士たちが乱入した。

武士たちは今度は二手に分かれて、御園内大乃《おおの》木《き》・棚橋《たなはし》両郷に乱入し、門戸を打ち破ろうとしたところ、「村々大少諸人」が発向したため、逆に武士たちのほうが武器を捨てて逃げ去っている。

いっぽう、同種の事態は行恵のもう一ヵ所の所領である河田別所槻本御園でも進行していた。ここでは紀《き》藤四《とうし》郎《ろう》と名のる武士が、「河田入道『子息』私領、宇佐美三郎知行すべし」という北条時政下文（子息の文字は自分で入れたもの）を提示し、三度にわたって住房や倉を追捕したうえ、住房から寺僧らを追い出し妻子を迎えて住みついてしまったのである。

このような事態を訴えた行恵申状にたいして、北条時政はふたたび「状の如くんば不便なり。早く他人狼藉を停止すべきの状件の如し」という外題安堵をあたえるとともに、二月十一日には狼藉停止の下文をあらためて発給し、二月中には宇佐美《うさみ》祐茂《すけもち》下文、伊勢国国地頭（惣追捕使）山内経俊《やまのうちつねとし》の与判も下されて、この事件はようやく落着した。[20]

さて、以上の経過からこの乱入事件の性格を整理しておくと、まず乱入した武士たちが河田別所の住房に住みついた紀藤四郎の一党であったことは疑いないだろう。そして、その紀藤四郎が「子息」の文字を入れたという「河田入道私領、宇佐美三郎知行すべし」という北条時政下文を携帯していることから考えて、彼は宇佐美三郎祐茂の家人であり、本来は謀叛人跡である「河田入道私領」に遣わされた地頭代であったと理解できよう[21]。そう考えれば、彼らの乱入を停止し行恵を本宅に安堵することを命じた宇佐美祐茂下文が出されていることも自然である。

おそらくは平氏方の有力武士であった河田入道の所領に入部した紀藤四郎らが、僧侶であるとはいえ近隣に子息行恵の所領があることを知り、そこを奪取する目的で行恵を搦め捕り、没官を強行しようとした事件であったと思われる。

村々の戦争

この文治元年(一一八五)末から翌文治二年にかけて引き起こされた大橋御園・河田別所武士乱入事件は、鎌倉幕府荘郷地頭制が展開する地域社会の現場の状況を生々しく伝えている。が、それとともにここで注目しておく必要があるのは、二度にわたる武士たちの乱入にたいして、大橋御園の村人たちがとった、つぎのような行動である。

まず、文治元年十二月二十五日夜中におこなわれた一度目の乱入では、のちの「山あがり」を思わせる集団的な避難行動をとっている点である。

行恵の申状では逃げ出して「山林」に交わったと記されているだけであるが、これがたんに逃げまどったわけではなく、村人たちの組織的行動であったことは、北条時政の外題安堵が獲得されると同時に、所司住人らが帰住したと記されていることから明らかである。つまり、村人たちは行恵の訴訟と密接に連携しながら、組織的に山の避難所に籠っていたと考えられるのである。[22]

そして翌文治二年一月十二日夜中の二度目の乱入では、「村々大少諸人」による戦闘で武士たちを退散させている点である。

これは、藤木久志氏によって解明されている「村のナワバリ」を支える中世村落の武力組織を（藤木久志『戦国の作法』「村の当知行」「村の動員」「村の城・村の合戦」など）、かかる鎌倉初期の村落にも想定させるものであろう。大橋御園は、棚橋・大乃木・牧戸《まきど》・葛原《くずわら》の四ヵ村で構成されていたが（前掲「法楽寺文書紛失記」）、再度の乱入に備えて四ヵ村共同の防衛態勢がとられていたものと思われる。

このように、村々の戦争によって鎌倉方の武士たちを撃退し、地頭職の設置を阻止した事例が明確に存在する以上、この時期の「村の武力」はけっして過小評価されるべきではないのである。

第六章　奥州合戦

1　内乱の延長

軍中将軍の令を聞き、天子の詔を聞かず

文治五年（一一八九）六月、朝廷から奥州藤原泰衡《やすひら》の追討宣旨が得られないまま、奥州への出兵を強行しようとする源頼朝にたいし、武家古老として幕府内で重きをなした大庭景能はつぎのように進言したという。

大庭平太景能は武家古老たり。兵法の故実を存ずるの間、故《ことさら》にもってこれを召し出され、奥州征伐の事を仰せ合わされて曰わく、此の事天聴を窺うのところ、今に勅許なし。なまじいに御家人を召し聚《あつ》む、これを如何となす。計らい申すべしてえれば、景能思案に及ばず、申して云わく、軍中将軍の令を聞き、天子の詔《みことのり》を聞かずと云々。已に奏聞を経らるるの上は、あながちにその左右を待たしめ給うべからず。随って泰衡は累代御家人の

遺跡を受け継ぐ者なり。綸旨を下されずといえども、治罰を加え給うこと何事かあらんや。就中、群参の軍士数日を費やすの条、還って人の煩いなり。早く発向せしめ給うべしてえれば、申し状頗る御感有り。

（『吾妻鏡』文治五年六月三十日条）

ここで景能は、軍中においては将軍の命令にしたがい、天子の仰せを聞かなくてもよいという有名な中国の『史記』の格言を引用し、さらに奥州藤原氏は累代の源氏家人の家柄であり、御家人の処罰についても朝廷の許可をことさらに受ける必要はないとして、奥州出兵の正当性を積極的に進言している。

なぜ頼朝は奥州に出兵しなければならなかったのか？

この大庭景能の進言もあって、結局、奥州出兵は朝廷の許可のないまま七月十九日に強行された。鎌倉帰着は十月二十四日であったから、じつに三ヵ月以上にもおよぶ大遠征である。

朝廷の意向を無視したこのような奥州合戦の強行は、従来からも鎌倉幕府の軍事権力としての在りかたをよく示すものとして注目され、幕府の朝廷にたいする自立性が論じられるさいの絶好の論拠とされてきたことはいうまでもないであろう。

しかし、政治史的にみれば、上横手雅敬氏が指摘するように、この文治五年の初頭から翌建久元年十一月の頼朝上洛にいたる時期は、文治元年(一一八五)以来総じて対立的であった公武関係が融和傾向に転換していった段階にあたり、王朝の侍大将としての頼朝の朝廷にたいする従属性が顕著にあらわれてくる時期であった(上横手雅敬「建久元年の歴史的意義」)。

とすれば、奥州合戦の強行という問題にかんしては、ここからただちに幕府の自立性一般を説くべきではなく、むしろ奥州合戦そのものの頼朝にとっての意義をあらためて問いなおすことが必要であろう。

つまり、なぜ頼朝は朝廷の意向を無視してまであえて奥州に出兵しなければならなかったのか、である。

建久年間の諸政策

こうした頼朝にとっての奥州合戦の意義を考えるためには、まず鎌倉幕府成立史において奥州合戦がどのような歴史的段階にあたっていたのかを確認しておく必要があろう。

そこで注目したいのが、奥州合戦の翌年からの建久年間(一一九〇〜九九)に打ちだされた幕府の諸政策である。これまでの研究によって明らかにされてきたことを列挙すれば、つぎのようになる。

①　建久元年（一一九〇）十一月、長年にわたる朝廷側の要請にもかかわらず、挙兵以来上洛を拒みつづけてきた源頼朝がこの時点ではじめて上洛し、後白河院と対面する。これは治承四年（一一八〇）以来つづいてきた治承・寿永の内乱が終息し、久しぶりによみがえった「天下落居」＝平和のなかでの「復旧」のセレモニーであった（上横手雅敬「鎌倉幕府と公家政権」）。

②　頼朝は上洛中に権大納言、右近衛大将に任官し、両官はほどなく辞退したものの、鎌倉帰着後の翌建久二年（一一九一）元旦の垸飯《おうばん》の儀は、「御昇進の故」にことさら威儀を正して挙行され、一月十五日には前右大将家《さきのうだいしょうけ》として政所　吉書始《まんどころきつしょはじめ》をおこなった（『吾妻鏡』建久二年一月一日、一月十五日条）。

③　建久三年（一一九二）三月に後白河院が死去すると、同年七月には征夷大将軍《せいいたいしょうぐん》に任官し、ちょうどこのころから、それまで御家人にたいする新恩給与や安堵にさいして発給してきた御判下文や奉書を、前右大将家政所下文や将軍家政所下文に更新している（杉橋隆夫「鎌倉右大将家と征夷大将軍」）。

④　建久元年十一月の上洛のころから、頼朝は大江広元《おおえのひろもと》をつうじて娘大姫《おおひめ》を後鳥羽《ごとば》天皇の后妃にする画策をはじめているが、大姫の病状のため延期となり、東大寺大仏殿再建供《く》養《よう》への出席を目的とした建久六年（一一九五）三月の二度目の頼朝上洛のさい、ふたたび入内《じゅだい》計画が推進された。が、結局この計画は失敗におわっている（杉橋隆夫「鎌倉初

期の公武関係」)。

⑤いっぽう、建久三年六月に、美濃《みの》国において御家人・非御家人をこの時点であらためて選別・決定し、前者に対してのみ京都大番役《きょうとおおばんやく》を賦課するという原則が打ちだされ、守護がそうした国内御家人を統率する体制が確立する(『吾妻鏡』建久三年六月二十日条。田中稔「建久初年の政治過程」、石井進「鎌倉幕府と国衙との関係の研究」)。

⑥このような御家人確定作業は、同じ建久三年の丹波《たんば》国の「本御家人注文」、建久七年(一一九六)六月の若狭《わかさ》国「源平両家に祗候《しこう》の輩」注文、建久八年七月の但馬《たじま》国「当役御家人注文」、建久九年三月の大隅《おおすみ》国「御家人交名《きょうみょう》」、建久年間の和泉《いずみ》国「御家人引付」の作成などに見られるように、一国御家人交名(名簿)の作成によって西国各国でも推進された(田中稔前掲論文、石井進前掲論文)。

以上のような建久年間に推進された諸政策を見ると、大きく二つの政治動向を読みとることが可能であろう。

一つは先にも少し触れた頼朝の積極的な朝廷接近政策であり(①・②・④)、もう一つは新しい御家人政策(③・⑤・⑥)である。そして、両政策はまったく別のものとして進められたわけではなく、③のように密接にかかわってもいたのである。

頼朝の「政治」

ところで、③の建久三年六月からはじめられた下文更改にかんしては、人格的な主従結合のかわりに政所という官僚組織をもちだし、鎌倉殿の地位の絶対化に右大将という朝官の権威を利用しようとしたものと通説では理解されている（上横手雅敬前掲論文）。

しかし、頼朝が前右大将家政所下文を発給しうる建久二年一月以来、この時点にいたるまで政所下文がほとんど見られないのにたいして、建久三年七月の征夷大将軍任官以後に政所下文が急増するという杉橋隆夫《すぎはしたかお》氏の指摘をふまえるならば（杉橋隆夫「鎌倉右大将家と征夷大将軍」）、結果的に見るかぎり、下文更改が本格的に推進されたのは建久三年六月というよりは、むしろ翌七月の征夷大将軍任官以降のことだったのではないだろうか。

杉橋氏の「彼が御家人たちに向って強調したかったのは、前右大将の肩書きよりも、むしろ長年の念願が叶って就任することのできた征夷大将軍の官職だったと解すべきではなかろうか」（杉橋隆夫同論文一八ページ）という見解に、ここでは注目しておきたいと思う。

そして、もしそうだとすれば、この下文更改は、たんに朝廷官職の権威に依存してなされたわけではなく、内乱を勝ち抜く過程で唯一の武家の棟梁となった頼朝が、内乱終息後のこの段階で、その実質にふさわしい「征夷大将軍」の名のもとにあらためて主従関係を設定しなおしたといえるだろう。

また、内乱終息後という点にかんしていえば、西国における一国御家人交名の作成も、内乱期の軍事動員から形成された御家人制をこの段階で整理・確定するためのものであったに違いない。

かつて石母田正氏は、荘園史研究において荘園体制の「存続」を歴史学が不問に付してきたことを問題にして、

成立せしめた条件はそのまま存続の条件ではない。何故ならばその条件が崩れた後においても、或いは崩れた後においてはじめて人間の必死な努力が始まるからである。この努力が政治だと思う。（石母田正『中世的世界の形成』二八三ページ）

と発言しているが、この指摘を一般化すれば、建久年間の御家人政策は、鎌倉幕府権力を成立せしめた内乱の終息に対応し、平時に幕府権力を「存続」させるために打ちだされた、まさに源頼朝の「政治」であったといえよう。

内乱の政治的延長

通常、治承・寿永の内乱が終息し「天下落居」と認識されたのは、奥州合戦終了後の建久元年（一一九〇）段階のことであるとされている。

たしかに、元暦二年（一一八五）三月に平氏一門が壇ノ浦合戦で滅んだのちも、半年後に

は源義経・行家の反乱が勃発してふたたび軍事的緊張が高まり、内乱状況がつづいたことは事実である。

しかし、結局この蜂起には軍勢が集まらず、比較的早期に義経・行家の没落が明確化していたことは、翌文治二年（一一八六）中に国地頭が停廃されて軍事動員体制が解除され、国衙・荘園領主による勧農も復活して、「戒厳令的状況」が解除されていることから明らかであろう（上横手雅敬「鎌倉初期の公武関係」、川合康「治承・寿永の『戦争』と鎌倉幕府」）。たとえば、主殿寮《とのものりよう》年預《ねんよ》伴守方《とものもりかた》は平氏滅亡を指して「天下落居」と述べているが（文治六年四月日「主殿寮年預伴守方解」〈壬生家文書、『鎌倉遺文』一―四四〇〉）、こうした認識が出てくること自体、義経・行家の反乱による緊張が長くつづかなかったことを示している。行家は文治二年五月に和泉国在庁日向権守清実《ひゅうがごんのかみきよざね》の館に潜伏していたところを、鎌倉方軍勢に発見されて殺されており（『吾妻鏡』文治二年五月二十五日条）、おそらく文治二年段階には、すでに「天下落居」という認識は社会的にひろまりつつあったと考えられよう(1)。

そして、文治四年（一一八八）二月に義経の奥州潜伏が発覚し（『玉葉』文治四年二月八日条）、翌文治五年閏四月に頼朝の要請を容れた藤原泰衡によって義経が滅ぼされると（『吾妻鏡』文治五年閏四月三十日条）、長年の懸案であった義経問題も解決し、ここに「天下落居」意識は公武権力共有のものとなるはずであった。

じっさい、義経滅亡の報を聞いた後白河院は、「殊に悦び聞こしめし」たうえ、「彼滅亡の間、国中定めて静謐《せいひつ》せしむるか。今においては弓箭を嚢《ふくろ》にすべし」と、頼朝に命じている(『吾妻鏡』文治五年六月八日条)。

ところが本章冒頭で述べたように、頼朝は後白河院の意向を無視し、奥州藤原氏との間に現実的な軍事的緊張がないにもかかわらず、あえて奥州合戦を強行した。つまり内乱を政治的に延長したのである。

それでは、なぜ頼朝はこのように内乱を政治的に延長したのだろうか。そしてそれは内乱の終息に対応する建久年間の頼朝の「政治」と、いったいどのような関係にあったのだろうか。次節ではこの問題を、奥州合戦の経過からさぐっていくことにしたい。

2　空前の大動員

義経逃亡をめぐって

『吾妻鏡』によれば、挙兵に失敗して行方のわからなくなっていた源義経が「山伏」姿に変装して奥州藤原秀衡のもとに逃走したのは、文治三年(一一八七)二月十日のことであった(『吾妻鏡』文治三年二月十日条)。

この奥州潜伏はすぐに頼朝の知るところとなり、「厳密に召し尋ねらるべきの旨」を朝廷に要請し、三月五日には朝廷でその沙汰がおこなわれたことが京都守護一条能保《いちじょうよしやす》(頼朝の妹婿）から報告されている（『吾妻鏡』文治三年三月五日条）。

八月には院庁下文《いんのちょうくだしぶみ》が陸奥《むつ》国に下され、それに同行した頼朝の雑色は九月四日に鎌倉に帰着し、秀衡が表面上は「異心なきの由を謝し申」しながら、「既に用意の事有るか」と、ひそかに軍勢を集めていることを報告した。頼朝はすぐにこの雑色を京都に送って「奥州の形勢」を言上するよう命じている（『吾妻鏡』文治三年九月四日条）。

『吾妻鏡』からうかがえる文治三年の情勢は以上のとおりであるが、ただこれらの記事には疑問点が多いことに注意しなければならないであろう。

というのも、当時摂政であった九条兼実の日記『玉葉』において、義経の奥州潜伏の情報がはじめて記されたのは翌文治四年一月九日条になってからなのである。

そこで「或る人」からの初耳の情報として「去年九・十月の比、義顕（源義経）奥州にあり。秀衡隠してこれを置く」と記していることからすると、文治三年段階では摂政兼実は義経の奥州逃亡をまったく知らなかったことになる。これは、文治三年三月から義経の奥州逃亡をめぐって頻繁な公武交渉がおこなわれたとする『吾妻鏡』の記事と明らかに矛盾する。

そしてじつは『吾妻鏡』のなかにも、文治三年四月四日条には「予州（源義経）の在所未だ聞こえず。今においては人力の覃《およ》ぶところに非ず」として鶴岡八幡宮以下の寺社で祈禱がおこなわれたことが記されており、四月になって義経潜伏地がまったく不明であったことを示す記事が混在している。

『吾妻鏡』文治三年条にこうして相互につじつまの合わない記事がならんだのは、おそらく鎌倉末期に『吾妻鏡』が編纂されたさい、そのもととなる材料のなかに義経にかかわる虚構性をもった質の異なる史料が混入したためであったと推定されよう。文治三年二月に義経の奥州逃亡が露顕していたという『吾妻鏡』の記事は、このように『玉葉』などの同時代史料に照らして信用できないのである。

いやがらせ――砂金三万両の要求

文治三年にじっさいに頼朝が朝廷と交渉をおこなった奥州問題とは、一つは藤原秀衡によって召し籠められていると伝えられた前山城守《さきのやましろのかみ》基兼《もとかね》を解放させることと、いま一つは東大寺大仏の鍍金にあてる砂金三万両を秀衡に進上させるということであった。

四月の頼朝の申請に基づいて後白河院の院宣が発給され、頼朝書状を副《そ》えて奥州藤原秀衡のもとに送られたが、秀衡の請文が「基兼の事においては、殊に憐愍《れんびん》を加え、全く召し誡しむることなし」、「貢金の事、三万両の召し、太《はなは》だ過分たり。先例は広定にても千金に過ぎず。……仍ってかたがた叶うべからずといえども、求め得るに随い進上すべし」という内容であったため、頼朝は九月に再度別の使者を遣わして、秀衡から貢金等を召すよう朝廷に要請している（『玉葉』文治三年九月二十九日条）。

ここで注意しておきたいのは、義経とはまったく無関係のこの問題で、「秀衡院宣を重んぜず、殊に恐るる色無し。また仰せ下さるる両条共にもって承諾なし。頗る奇怪あるか」と述べる頼朝の態度である。

つまり、頼朝の奥州藤原氏にたいする強硬な姿勢は、じつは義経潜伏問題に先んじてあらわれていたのである。これは、頼朝にとっての奥州合戦の意味を考えるうえで重視すべき点であろう。

潜伏発覚　義経が奥州に潜伏しているとの確実な情報が、はじめて頼朝や朝廷のもとにもたらされたのは、翌文治四年（一一八八）二月のことであった。出羽《でわ》国知行国主藤原兼房《かねふさ》が目代として派遣していた法師昌尊《しょうそん》の申状が、二月八日に九条兼実のもとに届けられているが、その申状の内容は、

只義顕《(源義経)》奥州に在り。即ち件の昌尊出羽国より出づるの間、彼の軍兵と合戦し、希有に命を逃れ鎌倉に来着す。此の子細を以て頼朝に触れしところ、早く国司に申し院奏を経るべきの由なり。（『玉葉』文治四年二月八日条）

というものであった。

この昌尊の報告は、義経の手勢とじっさいに戦闘をおこなったというだけに衝撃的であったに違いなく、兼実が八日のうちから院奏をおこなう手配に奔走し、朝廷が数日のうちに追討宣旨発給に向けて動きだしている事実はそのことをよく示している。

なぜか頼朝は動かず

いっぽう、頼朝は二月十二日に京都守護一条能保に使者を送り、つぎのように、みずからの意向を朝廷側に伝えるよう命じている。

> 義顕(源義経)奥州に在る事已に実なり。但し頼朝亡母のため五重の塔婆を造営す。今年重厄により殺生を禁断し了んぬ。仍って追討使を承るといえども、私の宿意を遂ぐべしといえども、今年においては一切此の沙汰に及ぶべからず。もし彼の輩来襲するにおいては此の限りに非ず。その条また忽ちに思い寄るべき事にあらず。随ってまた安平なりと云々。仍って公家より直に秀平法師の子息秀平においては十月二十九日に逝去し了んぬ。に仰せて、彼の義顕を召し進らすべきなり。且つ是れ彼の子息等義顕等と同意するの由風聞す。その真偽を顕さんがためなり。
>
> （『玉葉』文治四年二月十三日条）

すなわち頼朝は、亡母供養の五重塔建立と厄年による一年間の殺生禁断のため、たとえ追討使に補任されても辞退する意向を示し、そのかわりに朝廷から故藤原秀衡の子息泰衡に命じて義経をさしださせるよう提案しているのである。

この文治四年中は軍事行動をとらないという頼朝の態度は、義経問題は重大な政治課題であったとしても、頼朝と義経・奥州藤原氏との間に、さしせまった軍事的緊張は存在しなかったことを示している。

朝廷側は頼朝の申請に基づいて、藤原泰衡と平泉《ひらいずみ》に身を寄せていた前陸奥守藤原基成とにたいして、二月二十一日に義経の身柄を拘束してさしだすことを命じた宣旨を発給し、同二十六日には同内容の院庁下文も下された（『玉葉』文治四年二月二十一、二十六日条、『吾妻鏡』文治四年四月九日条）。

官使は鎌倉を経て奥州におもむき、九月十四日には泰衡請文をもって帰洛するが（『玉葉』文治四年九月十四日条）、なおも解決しないので、十月十二日に重ねて宣旨を出して義経を即座に捕縛するよう命じ、十一月には再度院庁下文も下される（『吾妻鏡』文治四年十月二十五日、十二月十一日条）。しかし結局、義経問題は何の進展も見ないまま、頼朝の殺生禁断が明ける文治五年を迎えるのである。

誅罰を加えんと欲す

文治五年（一一八九）二月二十二日、頼朝は使者を朝廷に送り、義経と親密であった前《さきの》刑部卿《ぎょうぶきょう》藤原頼経《よりつね》の配流《はいる》、権大納言藤原朝方《ともかた》らの解官《げかん》を要求するとともに、「奥州の住人藤原泰衡、義顕《（源義経）》を容隠せしむるの上、叛逆に与同すること疑うところなきか。御免を蒙り誅罰を加えんと欲する事」を申請する（『吾妻鏡』文治五年二月二十二日条）。

　ここにはじめて頼朝は、一年間の殺生禁断の拘束を解き、義経ならびに泰衡の追討使としてみずから奥州に出陣することを宣言したのである。

そして二月二十五日には「泰衡の形勢」をさぐらせるために、鎌倉から雑色を奥州に派遣しているが（『吾妻鏡』文治五年二月二十五日条）、この段階の奥州出陣の準備状況を知るうえで、つぎの史料はきわめて貴重である。

（花押《（源頼朝）》）

下す　嶋津庄地頭忠久

　早く庄官等を召し進らしむべき事

右、件の庄官の中、武器に足るの輩は、兵杖を帯び、来たる七月十日以前に、関東に参着すべきなり。且つ見参に入らんがため、各忠節を存ずべきの状件の如し。

　文治五年二月九日

（文治五年二月九日「源頼朝下文」〈島津家文書、『鎌倉遺文』一―三六四〉）

これは同年二月九日の時点で、南九州の島津荘地頭惟宗《これむね》（島津）忠久《ただひさ》にたいして、島津荘荘官のうち「武器に足るの輩」の奥州動員を命じた頼朝下文である。

義経問題は口実にすぎない

入間田《いるまだ》宣夫《のぶお》氏が注目したように、この下文によれば、

① すでに朝廷への申請以前の二月九日の時点で、各国の有力御家人をつうじて軍勢を催促していること。

② しかもそれは南九州の島津荘荘官にまでおよぶ、文字どおりの全国的動員であったこと。

③ そして七月十日以前に鎌倉参着を命じていることから、奥州への出陣をこの時点ですでに七月中旬ごろと計画していたこと。

などが判明する（入間田宣夫「鎌倉幕府と奥羽両国」）。

頼朝は大規模な遠征計画を文治五年初頭には練りあげていたのである。

以後、頼朝は朝廷にたいして三月二十二日、閏四月二十一日と繰りかえし追討宣旨の発給を要請していくが、このような政治的状況のなか、閏四月三十日ついに義経は藤原泰衡に

よって襲撃され滅亡する（『吾妻鏡』文治五年三月二十二日、閏四月二十一日、閏四月三十日条）。

この報に接した後白河院が「殊に」悦んだことについてはすでに触れたとおりであるが、摂政九条兼実も「天下の悦び、何事かこれに如かんや」と述べている（『玉葉』文治五年五月二十九日条）。

しかし、こうした朝廷側の反応にもかかわらず、六月二十五日に頼朝は重ねて奥州追討宣旨の発給を要請していく（『吾妻鏡』文治五年六月二十五日条）。頼朝にとって奥州出兵はやはり義経問題が本質ではなかったのである。

鎌倉に群集するの輩、已に一千人に及ぶなり――動員開始

さて、この時点での鎌倉における出陣の準備状況については、『吾妻鏡』六月二十七日条に、

鎌倉に群集するの輩、已に一千人に及ぶなり、義盛《（和田）》・景時《（梶原）》奉行として、日来交名を注す。前図書允執筆たり。今日これを覧る。しかるに武蔵・下野両国は、御下向の巡路たるの間、彼の住人はおのおの用意を致し、御進発の前途に参会すべきの由、触れ仰せらるると ころなり。

とあることが注目されよう。

奥州への進路にあたる武蔵・下野両国の御家人を除いて、この時点ですでに動員を受けた一千の軍勢が鎌倉に参集しはじめており、和田義盛と梶原景時が奉行となってそうした軍兵の交名を作成していたことがわかるのである。

この軍兵注文は、後述するように、鎌倉末期に御家人の家筋かどうかの判断材料とされたこともあり、奥州合戦の重要な一要素をなすものであった。

身の安否は、このたびの合戦によるべし——敗者復活戦

なお、こうした軍勢催促とかかわってもう一つ興味ぶかい点は、かつて平氏や木曾義仲・源義経などの敵方軍勢の中枢部に属し、謀叛人張本と見なされ囚人《めしうど》とされていた武士までが、奥州合戦では鎌倉方の動員対象となっている事実である。

たとえば、かつて北陸道最大の平氏方武士で、梶原景時に囚人として預けられていた城長《なが》茂《もち》（助職《すけもと》）や、平忠盛四代の孫筑前守《ちくぜんのかみ》平時房《ときふさ》の子息で、壇ノ浦合戦で捕虜となり安達盛長に預けられていた筑前房良心《りょうしん》などの囚人が、奥州合戦に参加を許されて活躍していることが『吾妻鏡』には随所に記されている（『吾妻鏡』文治五年七月十九日、八月十八日条）。どうもこうした武士の動員が、この戦争における頼朝の方針だったことがうかがえるのである（入間田宣夫「白旗迎撃に築かれた背水の陣」、川合康「奥州合戦ノート」）。

鎌倉中期に成立した説話集『古今著聞集《ここんちょもんじゅう》』によると、摂津国渡辺党《わたなべとう》の源番《つがう》は、文治元年（一一八五）末に源義経の逃亡を見のがした罪で鎌倉に召され、梶原景時に預けられていたが、奥州出陣にさいして頼朝の面前によびだされ、

汝をとうにいとまとらすべかりしかども、此の大事を思いて、今日まで生けておきたる也。身の安否は、このたびの合戦によるべし。

（『古今著聞集』巻第九「武勇」第十二―三四〇）

といわれて、鎧・馬・鞍などをあたえられたという。こうした事例に明確に示されているように、奥州合戦は明らかに内乱期に囚《とら》われの身となった武士たちの失地回復のチャンスにもなっていたのである。

頼朝自身が陣頭に

ところで、頼朝は七月十二日になっても、飛脚で追討宣旨の発給を朝廷に要請しつづけているが、同十六日になって出兵を強行する意志をかため、軍勢を大手軍・東海道軍・北陸道軍の三隊に分け、みずからは大手軍をひきいて十九日に鎌倉を進発した（『吾妻鏡』文治五年七月十二、十六、十七、十九日条）。頼朝自身が陣頭に立ったのは、じつに治承四年（一

一八〇）の挙兵段階以来のことである。

七月十九日に鎌倉を進発した大手軍は、二十六日には宇都宮においてかつて頼朝に敵対した罪を許された常陸国佐竹秀義の軍勢を合流させ、二十九日には白河関《しらかわのせき》を越えて、八月七日に陸奥国伊達《だて》郡阿津賀志《あつかし》山の南、国見《くにみ》宿に到着する（『吾妻鏡』文治五年七月二十六、二十九日条、同年八月七日条）。

そして七日深夜から十日にかけて、藤原泰衡の異母兄藤原国衡《くにひら》を総大将とする奥州藤原勢と阿津賀志山に戦うことになるわけであるが、この合戦に備えて藤原氏が全長三キロメートルにわたる「阿津賀志山二重堀」を構築したことや、大手軍が鎌倉から連れてきた工兵隊に堀の一部を埋めさせたことなどは、すでに本書第三章で述べたとおりである。

文治５年奥州合戦

八月十日に阿津賀志山の藤原勢を破った大手軍は、十二日に多賀国府に到着し、ここに千葉常胤・八田《はった》知家《ともいえ》らのひきいる東海道軍も合流、二十日には泰衡を追って玉造郡多加波々《たかはは》城を囲んだが、すでに泰衡は逃亡していたため、奥州藤原氏の本拠地である磐井《いわい》郡平泉への侵攻を決定する（『吾妻鏡』文治五年八月十二、二十日条）。

この日の戌《いぬ》の刻（午後八時ごろ）に、北条時政・三浦（佐原《さはら》）義連《よしつら》・和田義盛・相馬《そうま》師常《もろつね》らの先陣をつとめる御家人たちにあてた頼朝の廻文が、幕末に編纂された薩摩《さつま》藩内史料の編年集成『薩藩旧記雑録《さっぱんきゅうきざつろく》』に収録されて今日まで伝わっているが、そこで頼朝は、

この下知を違えず、静かに寄すべし。二十一日に平泉へつかむということあるべからず。……かまえて、勢二万騎をまかりそろうべし。案内さとも申せばとて、危なきことすべからず。いかさまにも、物騒がしく、こころこころにはすることあるべからず。

（文治五年八月二十日「源頼朝書状」〈薩藩旧記雑録巻一、『鎌倉遺文』一―四〇二〉）

と下知し、平泉には二万騎の軍勢を揃えて慎重に侵攻するよう命じている。

平泉炎上――なぜか厨川をめざす

八月二十二日、鎌倉幕府軍は平泉に侵攻するが、ここでもすでに泰衡は父秀衡以来の政庁「平泉の館」（柳之御所）に火を放って逃亡したあとであったため(2)（『吾妻鏡』文治五年八月

二十二日条)、しばらく滞在ののち、九月二日には泰衡を追って鎌倉軍も岩手郡厨川《くりやがわ》に向けて北上を開始した(『吾妻鏡』文治五年九月二日条)。

四日、志波《しわ》郡陣岡《じんがおか》において出羽方面から進軍してきた比企能員《ひきよしかず》・宇佐美実政《うさみさねまさ》らの北陸道軍も合流したが、このとき、『吾妻鏡』は「諸人郎従」までも含めると「軍士二十八万四千騎」に達したと記している(『吾妻鏡』文治五年九月四日条)。

もちろんこの数字をそのまま信用することはできないにしても、平泉に侵攻した先陣の軍勢だけで二万騎が揃っていたことは右に触れたとおりであり、史上空前の大軍勢がここに集結していることだけは確かである。

九月六日、ついに家人河田次郎《かわだのじろう》の裏切りによって討たれた泰衡の首が陣岡の頼朝の宿所にもたらされ、さらに九日には、朝廷から事後承諾の泰衡追討宣旨も届けられることとなった(『吾妻鏡』文治五年九月六、九日条)。

さて、ここに奥州合戦の目的は達せられたかに見えながら、なぜか頼朝は十一日に陣岡を発ち、さらに厨川まで全軍をひきいて北上している(『吾妻鏡』文治五年九月十一日条)。

厨川駐留は八日間におよび、藤原勢の残党捜索や陸奥・出羽両国の所領調査などをおこなったのち、十八日には権中納言吉田経房《よしだつねふさ》に書状を送って、奥州合戦の終結を告げるとともに、出兵を強行したことについての後白河院へのとりなしを依頼しており(『吾妻鏡』文治五年九月十四、十五、十八日条)、頼朝はここでふたたび従順な王朝の侍大将に変貌するのである。

翌十九日頼朝は全軍をしたがえて厨川から南下し、二十日には胆沢《いさわ》郡鎮守府故地において奥州合戦後の吉書始と論功行賞をおこない(3)（『吾妻鏡』文治五年九月十九、二十日条）、さらに平泉に滞在して無量光院や衣川の安倍頼時《あべのよりとき》の遺跡などを見学したのち、二十八日になってようやく鎌倉に向けて出発する（『吾妻鏡』文治五年九月二十三、二十七、二十八日条）。帰着は翌月の十月二十四日のことであったから、じつに三ヵ月以上にわたる頼朝自身の大遠征であった（『吾妻鏡』文治五年十月二十四日条）。

あわれ頼宗——不参者にたいする制裁

しかし、まだ奥州合戦は終わっていない。鎌倉帰着四日後の『吾妻鏡』同年十月二十八日条は、つぎのような記事を載せている。

景時《（梶原）》申して云わく、安芸《あき》国大名葉山介宗頼《（頼宗）》、伊沢五郎《（武田信光）》の催しにより、奥州御下向御共のため、勇士を率いて参向するのところ、駿河国藁科《わらしな》河の辺において、已に御進発の由を聞き、其の所より帰国し訖んぬ。自由の至りなり。誡むる御沙汰なくば、自今以後、傍輩の思うところ如何と云々。仍って宗頼《（頼宗）》所領等を収公せらるべきの由、定めらると云々。

これは安芸国の有力御家人であった城（葉山）頼宗が、武田信光の催促を受けて、奥州合戦に参加するために駿河国藁科川までやってきながら、頼朝が鎌倉を進発したことを聞いて途中で勝手に帰国してしまったために、制裁としてその所領が没収されることに決まった事情を伝えている(4)。

そのほか、豊前《ぶぜん》国伊方荘《いかたのしょう》地頭貞種《さだたね》も奥州合戦への不参を理由に地頭職が改易《かいえき》されており(5)〈建久三年二月二十八日「源頼朝下文写」〈豊前佐田文書、『鎌倉遺文』二―五八一〉〉、このような所領没収の制裁は奥州合戦後に一般的におこなわれたと想像される。たとえ遥か遠方の武士であっても、有力御家人の奥州合戦不参には徹底した制裁が待っていたのである。

六つの特徴

以上、奥州合戦の経過を追いつつその特徴を見てきたわけであるが、あらためてこの合戦の特徴をまとめると、つぎのようになろう。

① 挙兵段階以来けっして戦場におもむくことのなかった頼朝自身による出陣がおこなわれていること。

② 奥州における合戦であるにもかかわらず、南九州の武士にまでおよぶ大動員がおこなわれたこと。この動員の問題にかんしては、すでに文治五年二月の時点で島津荘地頭惟

宗忠久宛の頼朝下文が出されていたように、きわめて周到に準備され、現在断片的な史料から判明するものだけでも、薩摩・豊前・伊予・安芸・美作《みまさか》・伊勢などの西国諸国からの武士の参加が確認され、文字どおりの全国的動員がなされている（入間田宣夫「文治五年奥州合戦と阿津賀志山二重堀」）。

③ 安芸国城頼宗の事例に見られるように、有力御家人の不参に対しては所領没収という異例の厳しさで制裁がおこなわれていること。

④ かつて平氏や義仲・義経などに属し囚人とされていた敵方武士がこの時点で許されて、鎌倉方として奥州合戦に参加していること。

⑤ 島津荘地頭惟宗忠久宛の頼朝下文に見られたように、西国からの動員を「武器に足るの輩」に限定していること。

⑥ 鎌倉を進発する前に、和田義盛・梶原景時を奉行として軍兵注文が作成されていたこと。

⑥の軍兵注文にかんしては、正応《しょうおう》五年（一二九二）に美作《みまさか》国御家人久世《くぜ》頼連《よりつら》（道智）が、みずからの御家人としての由緒を「道智曾祖父貞平、文治五年景時軍兵注文に入りて以降、御家人役を勤仕す」と述べており（正応五年八月十日「関東御教書案」〈多田神社文書、『鎌倉遺文』二三―一七九八〇〉）、「文治五年景時軍兵注文」が実在したことが確認され、また

それに入ったことが御家人役勤仕の起点とされていることに注目しておきたい。

鎌倉殿のもとに

右の六点にわたる奥州合戦の諸特徴のうち、この戦争における最大の特徴をあげるとするならば、やはり①の頼朝自身による出陣と②の全国的な大動員体制にあるといえよう。とくに「軍士二十八万四千騎」と記される動員は、誇張を含んでいるにしても異常な規模であり、このあまりにも大げさな動員は、けっして奥州藤原氏の勢力の大きさから説明できるものではないだろう。[6]

むしろこれは、治承・寿永内乱期の戦争で動員した全国の武士たちをここでふたたび動員し、頼朝自身がそれをひきいること、そのこと自体に大きな目的があったとしか考えられないのである（入間田宣夫「鎌倉幕府と奥羽両国」、大山喬平「鎌倉幕府の西国御家人編成」）。③の不参者にたいするきわめて厳しい制裁も、この動員の目的をそうとらえてこそ合点がいくと思われる。そして④にあげた敵方武士の動員や、⑤の西国からの動員を村落領主クラスの「武器に足るの輩」までに限定しようとしている事実は、この動員が内乱期御家人制を清算し、それをあらためて再編・明確化しようとする意図をもっていたことを示しているし、⑥の軍兵注文の作成もまさにそれゆえに必要であったと考えられる。

つまり、奥州合戦とは、内乱期御家人制を清算し、あらためて鎌倉殿頼朝のもとに再編・

明確化する目的で、全国の武士層をいっせいに動員したものと理解することができよう。奥州藤原氏の存在が頼朝にとって脅威であったことはけっして否定しないが、奥州合戦は藤原氏追討の問題だけに解消できない点にこそ、他の戦争から区別される最大の特徴があったのである。

とすれば、これはまさに内乱終息後の平時に対応する鎌倉殿御家人制を確立しようとする頼朝の「政治」にほかならない。従来から御家人制の確立として指摘されてきた建久年間における下文更改や京都大番役の整備、一国御家人交名の作成による御家人の確定作業は、じつは文治五年の奥州合戦において「戦争」の形態をとってすでに始められていたわけである。

では、なぜこのような御家人制の再編・明確化という「政治」が、奥州合戦においておこなわれることになったのだろうか。頼朝にとって、奥州とは何か特別な意味をもっていたのだろうか。

次節ではこの問題を、武士社会の先祖観に立脚した頼朝の「貴種」性の確立という視点から検討していくことにしたい。

3　「神話」の創造——頼義故実と鎌倉殿権威の確立

その輿あるべし

文治三年（一一八七）十一月、鎌倉幕府草創の功労者で有力御家人の一人であった畠山重忠《はたけやましげただ》に謀叛の嫌疑がかけられた。

重忠が引き籠もる武蔵国菅谷《すがや》の館に、重忠の「弓馬の友」であった下河辺行平《しもこうべゆきひら》が頼朝の使者として派遣されたが、そのさい、鎌倉によびだされて謀殺されるぐらいなら、とその場で自殺しようとする重忠にたいし、行平はそのような意趣などまったくないことを説明し、つぎのように語ったという。

誅すべくんば、また怖るべきにあらざるの間、偽りはかるべからざるなり。貴殿は将軍の後胤なり。行平は四代将軍の裔孫なり。わざと露顕せしめ、挑み戦うに及ばんの条、その輿あるべし。

（『吾妻鏡』文治三年十一月二十一日条）

行平が重忠にたいして「貴殿は将軍の後胤なり」と語っている「将軍」とは、重忠の先祖にあたる鎮守府将軍平良文《たいらのよしぶみ》を指す。「行平は四代将軍の裔孫なり」と語っている「四代将軍」とは、同じく鎮守府将軍に任じられた藤原秀郷《ふじわらのひでさと》以来の行平の先祖を指す。

お互いこうした「将軍」の末裔ならば、だまし討ちをたくらむよりは、堂々とここで戦うほうがよほど「輿」のあることではないか、と語ることによって、行平は重忠の説得に成功しているのである。

両者の名だたる「氏の先祖」が誇りをもって想起され、それが謀殺などありえないとする説得に有効性をもっていたところに、当時の武士社会における強烈な先祖意識があらわれているのである。

過去こそが現在を支える

このような武士の先祖崇拝は、たとえば、

遠くは音にも聞き、近くは目にも見給え。昔朝敵将門《まさかど》を滅ぼし、勧賞《けんじょう》蒙《こうむり》し俵藤太《たわらのとうた》秀郷《ひでさと》に十代、足利太郎俊綱が子、又太郎忠綱、生年十七歳。……三位入道殿の御方に、我と思わん人々は寄り合えや、見参せん。

（『平家物語』巻第四「宮御最期」）

という戦場における「氏文《うじぶみ》読み」の慣習にもうかがうことができるし、また「先祖の武功の勝劣」を論じて御家人同士で闘乱におよんだような事件にもあらわれている（『吾妻鏡』承元四年六月三日条）。

そもそも十一世紀に進行した地方社会における武士身分の認定が、国内武官の選任記録や国内有力豪族の家系を登録した「譜代図」を保管した国衙によっておこなわれ、「兵の家」

にふさわしい家系と過去の経歴とが重視されるものであった以上（石井進「中世成立期軍制研究の一視点」「院政時代」）、こうした先祖崇拝はむしろ当然ともいえよう。彼らの武士という現実の支配身分が、過去によって保障されている側面が色濃く存在したのである。(7)

それでは、このような武士の先祖意識は、いったい何を基礎として彼らのなかで日常的に再生産されていたのであろうか。たんに文書とともに相伝される系図だけだったのであろうか。

「源太が産衣」と「髭切」――家門の表徴

そこでまず注目されるのは、羽下徳彦《はがのりひこ》氏によって指摘された武士の家門の表徴としての実戦的武具の相伝である（羽下徳彦「家と一族」）。

羽下氏が注目したように、『古活字本平治物語』には、平治元年（一一五九）十二月の平治の乱にさいして、十三歳の源頼朝が「紺の直垂《ひたたれ》に源太《げんた》が産衣《うぶぎ》という鎧を着、星白《ほしじろ》の甲の緒をしめ、髭切《ひげきり》という太刀」を帯したと記されている（『古活字本平治物語』巻上「源氏勢汰への事」）。

「源太が産衣」と「髭切」は、「源氏の重代の武具の中に、ことに秘蔵の重宝」であって、その着用は「三男なれ共、頼朝さずかり給いけるは、ついに源氏の大将となり給うべきしるし也」と、源氏嫡《ちゃくりゅう》流の地位を表示していたのである。

そしてたとえば、太刀「髭切」について「八幡殿《(源義家)》、貞任《(安倍)》・宗任《(安倍)》を攻められし時、度々に生け捕る者千人の首をうつに、みな髭ともに切れければ、髭切とは名付けたり」と、前九年《ぜんくねん》合戦（一〇五一～六二）に父頼義《よりよし》にしたがって参加した源義家《よしいえ》の伝承が付けられているように、こうした武具の相伝には必ず先祖にまつわる由緒が語られる。

家門の表徴としての武具は、それを着用する家督の地位を可視的に表示すると同時に、その武具にまつわる先祖伝承を、「もの」をつうじて一族に生々しく想起させる装置にもなっていたのである。

平氏のばあいも、『平家物語』に「そもそも唐皮という鎧、小烏という太刀は、平将軍貞《さだ》盛《もり》より当家に伝えて、維盛《これもり》までは嫡々九代に相当たる」とあるように（『平家物語』巻第十「維盛出家」）、嫡流に相伝された鎧と太刀は先祖平貞盛を想起させるものであった。

こうした武具の相伝は、もちろん、源平の嫡宗家など一部の中央軍事貴族だけに見られたわけではない。一般の御家人レヴェルの家でも存在したことは、建永《けんえい》二年（一二〇七）八月に、幕府が鶴岡八幡宮放生会の随兵を勤める御家人たちにたいして、「重代の兵具」「累祖の鎧」の着用を命じていることから明らかである（『吾妻鏡』建永二年八月十七日条）。家督の地位を表示するものであっただけに、家重代の「旗・鎧」をめぐって一族内で相論が起こることもたびたびであった。[8]

是れ曩祖将軍秀郷朝臣の佳例なり

さて、このような重代相伝の武具とともに、もう一つ武士の先祖意識を日常的に支えていたものとして注目されるのは、それぞれの「兵の家」に伝えられた多様な故実の存在である(9)。たとえば、奥州合戦にさいして頼朝から大鎧の調進を命じられた下河辺行平は、戦場で敵味方を区別するために通常は袖の部分に付ける標識(袖標《そでじるし》)を、冑の後ろに付けて献上した。

頼朝からその理由を尋ねられた行平は、「兵」の本意が先駆けにあるからには、後方の味方の軍勢に見えやすい部分に付けるのが当然と説明し、「是れ曩祖《のうそ》秀郷朝臣の佳例なり」と述べている(『吾妻鏡』文治五年七月八日条)。下総国下河辺荘を本領とする下河辺氏は、秀郷流藤原氏の流れをくむ大田行光の子行義にはじまり、大田氏の嫡流を継承した小山《おやま》氏の庶家にあたる(野口実「十二世紀における坂東武士団の存在形態」)。

下河辺行平はその行義の子息であるが、行平にとって氏の遠祖にあたる藤原秀郷とは、こうして「秀郷佳例」と伝承された故実によって、じつは日常的に想起される存在だったのである。

下河辺氏に伝えられた秀郷故実は、このような武具の形態にとどまらず、実戦的な武芸の様式にもおよんでいる。行平は文治六年(一一九〇)四月に頼朝から嫡子頼家の弓の師に任じられているが、それは「行平たまたま数代将軍の後胤たるなり。したがって弓箭の達者なり」という理由からであり(『吾妻鏡』文治六年四月七日条)、また建久四年(一一九三)八月には、鶴岡八幡宮放生会の流鏑馬《やぶさめ》射手に、弓の持ちかたについての「譜第の口伝・故実等」を教示している(『吾妻鏡』建久四年八月九日条)。

すでに述べたように、東国武士社会において「馳射」の技術に習熟している武士がごくかぎられていたなかで、行平のばあいは、武士の職業的戦士としてのもっとも本質にかかわる部分で、秀郷流藤原氏の氏意識が再生産されていたわけである。

侃々諤々

こうした故実は、同じく秀郷流藤原氏の流れをくむ紀伊国佐藤氏のばあいには、その出身であった西行《さいぎょう》が「弓馬の事は、在俗の当初、なまじいに家風に伝うといえども、保延《ほうえん》三年八月遁世の時、秀郷朝臣以来九代の嫡家相承の兵法は焼失す」と述べたように(『吾妻鏡』文治二年八月十五日条)、文書化された「兵法」なるものも存在し、「家風」として独自の発展をとげている。したがって同じ秀郷流とはいっても、じっさいには諸家さまざまであって、それは西行の弓箭談義にほかならぬ行平が感心したとする『吾妻鏡』の記事に端的に示されている(『吾妻鏡』嘉禎三年七月十九日条)。

とすれば、種々の軍事貴族の末裔を称する有力御家人たちの間で、武芸の故実をめぐって意見の対立が起こるのもむしろ当然であろう。

建久五年(一一九四)十月、頼朝は小山朝政《おやまともまさ》の邸宅に下河辺行平や甲斐源氏の武田有義《ありよし》、良文流平氏の和田義盛などの「弓馬の堪能等」を召集して、翌年の上洛中に予定されている住吉社流鏑馬の様式について評議しているが、面々が「おのおの相伝するところの家説」を主張して、結局意見の一致を見なかったという（『吾妻鏡』建久五年十月九日条）。

『吾妻鏡』はそのほかにも、陪膳《はいぜん》や供奉《ぐぶ》、鷹飼、山神矢口祭の餅の食しかたにいたるまで、じつにさまざまな場面において相伝の故実が存在したことを記しているが(10)、その作法もやはり諸流諸家によって大きな違いを見せている。鎌倉幕府の有力御家人たちの間では、相伝の故実は、それぞれの氏や家の自己主張としての意義をもちつつ、日常生活のなかに生きていたのである。

それでは、このような武士社会に鎌倉殿として君臨した源頼朝には、いったいどのような故実が相伝され、それによって示される頼朝の先祖意識とはいかなるものだったのであろうか。

頼義故実

従来から源氏の故実にかんしては、文治五年（一一八九）七月に、千葉常胤が頼朝の命を受けて、頼朝の先祖「入道将軍家頼義の御旗」の寸法に合わせた源氏御旗を調進したことがよく知られており（『吾妻鏡』文治五年七月八日条）、この御旗の記事が『吾妻鏡』に見いだせる例外的な源氏故実の事例といわれてきた（二木謙一「室町幕府弓馬故実家小笠原氏の成立」）。

　しかし、たとえば建久元年（一一九〇）九月、頼朝の上洛に備えて佐々木盛綱《ささきもりつな》が矢一腰を献上したさいにも、「是れ曩祖将軍《（源頼義）》、天治《（喜）》年中に奥州の梟賊を征伐せしむるの後、帰洛の日、この式の矢を用うと云々」とあり（『吾妻鏡』建久元年九月十八日条）、この矢も、前九年合戦で奥州の安倍《あべ》氏らを追討した「曩祖将軍」頼義が、帰洛の日に用いた矢の形状に合わせたものであった。とすると、頼朝に相伝された源氏の故実は、前九年合戦で武名をあげた鎮守府将軍源頼義に由来をもつものが中心であったと思われる。ちなみに、前九年合戦とは、陸奥国衙と対立した「奥六郡の主」安倍頼時・貞任《さだとう》らの勢力を、陸奥守（のち鎮守府将軍も兼任）として現地に乗りこんだ源頼義が、永承六年（一〇五一）から康平五年（一〇六二）までの十二年間にわたる戦闘によって、ついに追討することに成功した合戦である。

　そのつもりであらためて源氏故実をさがしてみると、『延慶本平家物語』には、寿永二年（一一八三）三月の鎌倉軍による信濃国侵攻の日が「坎日《かんにち》」（陰陽道で外出を忌む凶日）にあたっていたことにたいして、頼朝は「昔頼義朝臣貞任《（安倍）》が小松の館を攻め給いける時」が「往《おう》亡日《もうにち》」（出陣などを忌む凶日）であったことを想起し、「先規を存ずるに吉例なり」と主張して侵攻が実行されたとあり（『延慶本平家物語』第三末「兵衛佐与木曾不和ニ成事」）、ここでは戦争の故実として頼義の前九年合戦がもちだされている。

　また『平家物語』には、寿永二年五月の越中国砺波山合戦において同じ源氏一門の木曾義

前九年合戦における源頼義　頼朝にとって曩祖（５代前にあたる）頼義の事跡こそ、つねに仰ぐべき、また御家人たちに仰がせるべき「故実」であった（「前九年合戦絵巻」 国立歴史民俗博物館蔵）

仲が「先祖頼義朝臣、貞任・宗任を攻め給いし」「先蹤《せんしょう》」を尊重したことが描かれており（『平家物語』巻第七「願書」）、義仲のばあいもやはり源氏の先祖として頼義の前九年合戦が想起されているのである。

建久四年（一一九三）三月、武蔵国入間野において追鳥狩《おうとりがり》が開催されたさい、藤沢清親《ふじさわきよちか》の「百発百中の芸」に感動した頼朝は乗っていた馬を清親にあたえ、みずからその馬を引くことまでおこなって彼の栄誉をたたえているが、それは「曩祖将軍」頼義が前九年合戦後の春の野遊びで清原武則《きよはらのたけのり》の射芸をたたえた作法にならったものであった（『吾妻鏡』建久四年三月二十五日条）。

高橋昌明氏はこの入間野の追鳥狩につ

いて、「多数の武士には弓矢を持たせず『踏馬衆』という勢子の役割を与え、清親には『弓馬の眉目』と形容せられた栄誉をもって遇するという頼朝の態度からは、戦士の競争心と名誉心を煽りそれを自分に対する奉仕の熱情に転化させようとする政治家の怜悧な計算を読みとることができるように思われる」と指摘しているが（高橋昌明「武士の発生とその性格」五八ページ）、ここではそれがまさに頼義故実としておこなわれている点に注目しておきたい。

鎌倉入りもその一環

たしかに『吾妻鏡』などを見るかぎり、氏の先祖頼義にたいする源頼朝の関心は強烈であった。

たとえば、治承四年（一一八〇）八月に石橋山合戦に敗れて安房国に逃亡した頼朝は、同国の丸御厨《まるのみくりや》を巡見しているが、その地は「御曩祖予州《（源頼義）》禅門東夷を平らげ給うの昔、最初の朝恩なり」という頼義ゆかりの所領であった（『吾妻鏡』治承四年九月十一日条）。

そしてそもそも頼朝が居を構えることとなった相模国鎌倉自体も「御《ご》曩跡《のうせき》」（先祖ゆかりの土地）だったのであり（『吾妻鏡』治承四年九月九日条）、それは源頼義が平直方《なおかた》の婿となって鎌倉の屋敷を譲渡されたことにはじまるという（『詞林采葉抄』第五、野口実「院・平氏両政権下における相模国」）。

治承四年十月七日に鎌倉に入った頼朝は、同十二日に「祖宗を崇めんがために」小林郷北山を点じて由比《ゆい》郷から鶴岡八幡宮を遷しているが、この鶴岡八幡宮も、

本社は後冷泉院の御宇、伊予守源朝臣頼義、勅定を奉りて安倍貞任を征伐するの時、丹祈の旨ありて、康平六年秋八月、潜かに石清水を勧請し、瑞籬《みずがき》を当国由比郷今これを下若宮と号す。に建て、永保元年二月、陸奥守同朝臣義家、修復を加う。今また小林郷に遷したてまつり、蘋繁の礼奠を致すと云々。

鶴岡八幡宮　鎌倉のシンボル。この神社の遷座・整備も頼朝の「政治」の一環といえよう

と『吾妻鏡』に記されているように（『吾妻鏡』治承四年十月十二日条）、前九年合戦で安倍貞任を滅ぼした源頼義が、康平六年（一〇六三）八月に京近郊の石清水《いわしみず》八幡宮を由比郷に勧《かん》請《じょう》したことに起源をもっていたのである。

とすれば、鎌倉という土地に

幕府を開き、鶴岡八幡宮の宗教行事を軸に頼朝―御家人間の臣従儀礼を展開させていった頼朝にとっては(伊藤清郎「鎌倉幕府の御家人統制と鶴岡八幡宮」、石毛忠「源頼朝の政治思想」)、氏の先祖源頼義とは切っても切れない関係にあったのであり、頼朝が頼義を強く崇拝するのは彼の現実の政治からいっても必要であった。

建久三年(一一九二)四月、頼朝が大進局《だいしんのつぼね》に生ませた子供の乳母を御家人たちに命じたところ、北条政子の嫉妬を恐れて誰も引き受け手がない。そこで頼朝は、「伊予守源頼義朝臣、貞任等を攻むる時、七騎武者の随一」であった藤原景通《かげみち》の子孫である大江景国《かげくに》に命じた、という逸話までが残されている(『吾妻鏡』建久三年四月十一日条)。

一門更に勝劣なし――不安定な頼朝の貴種性

ところで、従来から頼朝が東国武士を結集しえた要因として注目されてきたのは、頼朝の「貴種」としての属性であった。

武士社会における「貴種」とは、武家の棟梁の資格を有する中央軍事貴族の門閥に属することを意味し(上横手雅敬「鎌倉幕府と公家政権」)、具体的に頼朝のばあいは、これまで何度も引用してきた三浦義明の「われ源家累代の家人として、幸いにその貴種再興の秋に逢うなり」という発言に見られたように、「源家累代の家人」が仕えてきた河内源氏の「嫡流」を意味していた。

しかし、ここで注意する必要があるのは、挙兵段階において頼朝の「貴種」性は、三浦義明が語ったほど自明なことでは、じつはなかったという点である。

たとえば上野国の新田義重が「故陸奥守（源義家）の嫡孫をもって、自立の志を挿む」という理由で頼朝の挙兵に応じようとしなかったことや（『吾妻鏡』治承四年九月三十日条）、甲斐源氏の武田信光が、源頼義の三子である義家・義綱《よしつな》・義光《よしみつ》のそれぞれの系統に「一門更に勝劣なし」と語ったと伝えられていることなどは（『源平盛衰記』巻二八「頼朝義仲中悪」）、頼朝の二十年にもわたる流人生活の間に、河内源氏の嫡宗権が動揺し、それをめぐる同族間の政治的主張が競合する状況にあったことを示している。

血統の問題は一見生物的関係のように見えながら、その嫡宗権の移動はすぐれて政治的な問題である。頼朝の「貴種」性も挙兵時においては所与の前提ではなく、確立すべき緊急の課題であったと考えるべきであろう。

そうだとすれば、前述したように頼朝が鎌倉に幕府を開き、頼義の先例・故実をことさらに重視しながら、頼義の遺跡を整備し、その武功を顕彰していったことも、頼義の正統的後継者として周囲に認知させ、みずからの「貴種」性を確立させようとする頼朝の政策の一環として理解することが可能であろう。

そして、全国の武士たちにたいして、このような「貴種」性を確立する頼朝の政治的努力の、いわば総仕上げが、文治五年の奥州合戦だったのである。

前九年合戦の再現

文治五年（一一八九）七月八日、千葉常胤は頼朝の命を受けて、つぎのような源氏御旗を調進した。

> 千葉介常胤新調の御旗を献ず。其の長、入道将軍家頼義の御旗の寸法に任せて、一丈二尺二幅なり。また白糸の縫物有り。上に云わく、伊勢大神宮・八幡大菩薩と云々。下に鳩二羽相対すと云々。を縫う。是れ奥州追討のためなり。（『吾妻鏡』文治五年七月八日条）

これは先にも触れた「入道将軍家頼義の御旗」の寸法に合わせた御旗調進の記事であるが、その御旗はここに見られるように、奥州合戦のために新調された頼朝の軍旗であったことにまず注目しておきたい。

前節で経過を説明したように、九月二日、頼朝は藤原泰衡がすでに逃亡したあとであった平泉を出て、厨川に向けて北上を開始するが、『吾妻鏡』同日条はその事情について、つぎのように記している。

> 平泉を出で、岩井（手）郡厨河の辺に赴かしめ給う。是れ泰衡が隠れ住む所を相尋ねんがためな

り。また祖父将軍《（源頼義）》朝敵を追討するの比、十二ケ年の間、所々の合戦勝負を決せず、年を送るのところ、ついに件の厨河の柵において貞任等の首を獲たり。曩時の佳例によって、当所に到りて泰衡を討ち、其の頸を獲べきの由、内々思案せしめ給うと云々。

この記事は、なぜ頼朝が逃亡する泰衡を追って執拗に北上したのかを、興味ぶかく語ってくれている。すなわち、厨川こそ前九年合戦で「祖父将軍」源頼義が安倍貞任を討った由緒正しき土地であり、それゆえに、「曩時《のうじ》の佳例」にならって頼朝はその厨川で泰衡の首を得たいと「内々」考えていたことがわかるからである。

この厨川への北上が戦況によるものではなく、当初からの計画的な行動であったことは、出羽方面から進軍した北陸道軍を平泉ではなく、厨川への進路にあたる陣岡で合流させていることから明らかである。

奥州合戦はまさに前九年合戦の再現なのである。

八寸の鉄釘——泰衡梟首

しかし、頼朝の意図に反して、九月六日には家人河田次郎によって殺された藤原泰衡の首が陣岡の頼朝のもとに届けられた。

同地に集結している史上空前の大軍勢が見守るなか、泰衡の梟首《きょうしゅ》がおこなわれる。

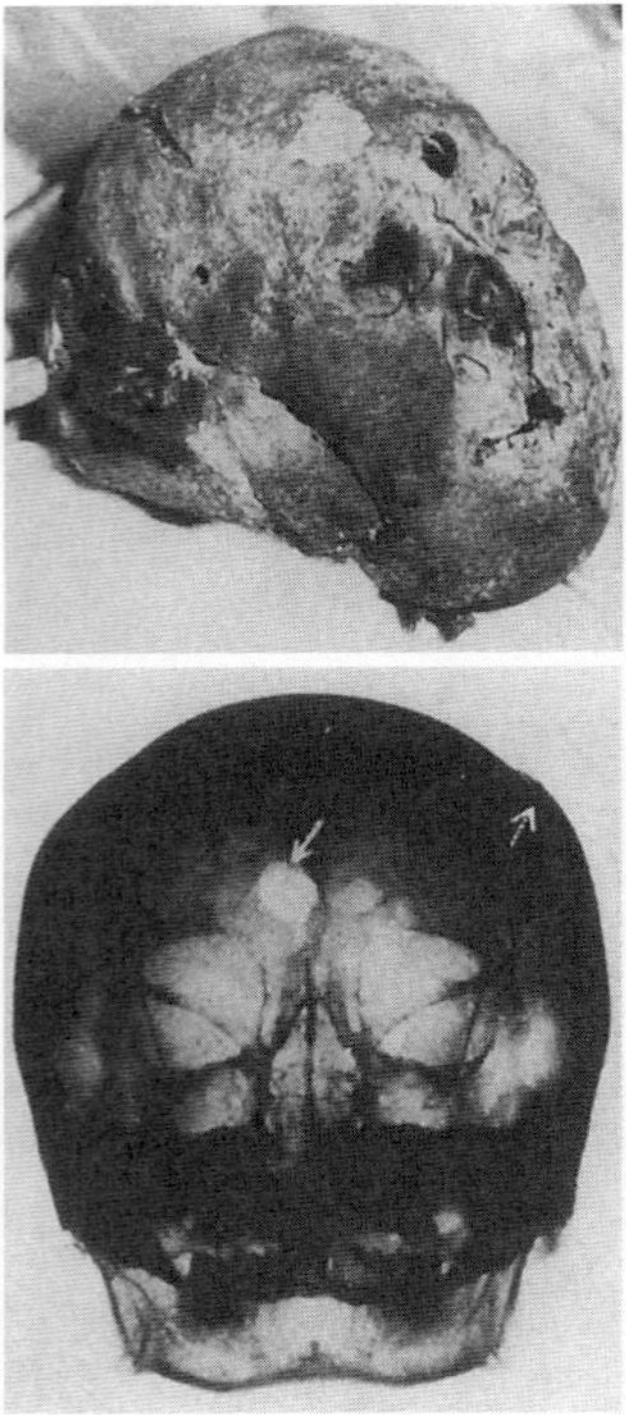

藤原泰衡の首のミイラ（上）とレントゲン写真（下）　額から頭蓋をつらぬく孔がはっきりわかる（岩波写真文庫『平泉　1952』より）

其の後、泰衡の首を懸けらる。康平《こうへい》五年九月、入道将軍家頼義、貞任の頸を獲るの時、横山野大夫《ののたいふ》経兼《つねかね》の奉として、門客貞兼《さだかね》をもって、件の首を請け取り、郎従惟仲《これなか》をしてこれを懸けしむ。長さ八寸の鉄釘をもってこれを打ち付くと云々。件の例を追いて、経兼が曾孫小権守時広《ときひろ》に仰す。時広、子息時兼《ときかね》をもって、景時の手より泰衡の首を請け取らしめ、郎従惟仲が後胤七太広綱《ひろつな》を召し出して、これを懸けしむ。釘、彼の時の例と同じと云々。

（『吾妻鏡』文治五年九月六日条）

もはや多くを語る必要はないであろう。泰衡の首のさらしかたは、すべて康平五年（一〇六二）九月に前九年合戦で頼義が貞任を梟首した先例が適用された。

頼義が横山野大夫経兼に命じて門客貞兼に貞任の首を請けとらせた例は、経兼曾孫小権守時広に命じて子息時兼に泰衡の首を請けとらせ、また惟仲に首を懸けさせた例は、惟仲後胤広綱に首を懸けさせるといったかたちで踏襲され、さらに八寸の鉄釘も同じ、という徹底したものであった。

ここでかつての頼義配下の子孫たちに命じて泰衡の首をさらしたことは、それを見守る大軍勢に、現実的にはほとんどありえなかった頼義以来の源家譜代の主従制をアピールし、(11)頼朝の御家人制が、歴史的にいかに正統であるかを印象づけることになったと思われる。

なお、平泉の中尊寺に安置される泰衡の首のミイラには、眉間《みけん》と後頭に直径約一・五センチメートルの貫通する小孔があり、両方の傷の間が一八センチメートルであることから、柱に打ちこむ分を考えて、この八寸（約二四センチメートル）の釘打ちが史実だったことが確認されるのである（鈴木尚「遺体の人類学的観察」「中尊寺のミイラ」）。

日付まで意識

こうして泰衡を陣岡で梟首し、合戦の目的は達せられたかに見えながら、九月十一日には全軍が厨川まで北上し、八日間にわたって逗留する。

この時点での頼朝の目的は、まちがいなく全国から動員した武士たちを厨川まで連れていくこと、そのこと自体にあったといわなければならない。十八日には秀衡の四男本吉高衡《もとよしたかひら》らの残党が捕縛されているが、それを記す『吾妻鏡』同日条は、

> およそ残党悉くもって今日これを獲給うなり。ほぼ先規を考うるに、康平五年九月十七日、入道将軍家頼義此の厨河の柵において、貞任・宗任・千世童子等の頸を獲給う。彼の佳例に叶い、今宿望を達し給う。

としており、じつに九月十七日という日付までが意識されていたことがうかがえるのである。

前節で述べたように、十八日に権中納言吉田経房にあてた頼朝書状は奥州合戦の終結宣言の内容をもっており、十九日にはじっさいに軍勢を南下させていることから考えて、この日付の意識が『吾妻鏡』編纂者の虚構ではなかったことが確認される。

とすると、奥州合戦を前九年合戦として演出するために、かなり綿密な計画が練られていたことが予想されよう。前述したように、二月九日の時点で南九州の島津荘にまで動員をかけ、七月十日以前に鎌倉参着を命じていたのは、七月中旬に鎌倉を出発し、九月十七日には厨川に全軍が集結する必要があったからではないだろうか。

たびかさなる要求にもかかわらず、結局、朝廷から追討宣旨が発給されないままに頼朝が

鎌倉を出発しなければならなかった理由も、じつは前九年合戦における頼義故実に頼朝自身が制約されていたから、と考えられるのである。

内乱の総括

このように奥州合戦が徹底して頼義故実に基づいておこなわれ、前九年合戦の再現として演出された事実は、この戦争が前節で述べたような鎌倉殿御家人制を確立する「政治」を担っていたことと、けっして無関係ではない。

というのも、この演出は、全国から動員した武士たちに「前九年合戦」を追体験させ、源頼義の武功を彼らに強烈に認識させることによって、武士社会の内在的な論理において鎌倉殿の権威＝頼朝の「貴種」性を確立させるものであったと考えられるからである。

内乱期に動員した武士たちをあらためて動員しつつ、彼らの意識のなかに鎌倉殿の存在の正統性を植えつけること、奥州合戦はそうした頼朝の「政治」としての戦争だったといえよう。

じっさいには虚構にすぎない頼義以来の源家譜代の主従関係を、のち東国武士団がことさらに強調するようになるのも、じつはこうした事情に基づいているのであり、頼朝挙兵と同時に、源家譜代の武士団がいっせいに頼朝のもとに馳せ参じたかのような認識（鎌倉幕府の草創神話）は、このように歴史的に創りだされていったのである。

奥州合戦は、多様な在地武士の蜂起によって深化・拡大した治承・寿永の内乱を、鎌倉殿の戦争として、つまり「源平」合戦として総括した戦争であった。

「大将軍」号の申請

奥州合戦の翌年の建久元年(一一九〇)十一月、頼朝は伊豆挙兵後はじめての上洛をとげ、権大納言、右近衛大将に補任された。

そして、後白河院死後の建久三年(一一九二)七月に至り、頼朝は朝廷に「大将軍」の称号を要求した。朝廷側はそれにふさわしい官職として、「征東大将軍」「征夷大将軍」「惣官」「上将軍」の四候補を検討することとし、「征東大将軍」は木曾義仲の先例、「惣官」は平宗盛の先例が「不快」であるとして候補からはずした。また、「上将軍」についても日本では補任例がないとして退け、結局、朝廷は坂上田村麻呂の「征夷大将軍」が吉例であるとして、頼朝を征夷大将軍に補任した(櫻井陽子「頼朝の征夷大将軍任官をめぐって」)。

これは新出史料の『三槐荒涼抜書要』に収められた『山槐記』建久三年七月九日条に記されている内容で、信頼性の高い一次史料である。この史料の紹介によって、頼朝が、はじめから征夷大将軍という官職を希望していたわけではなかったことが明らかになったのである。

それにしても、なぜ頼朝は「大将軍」という称号を望んだのであろうか。

源氏将軍という「神話」

そこでこの問題と関連して想起されるのが、鎮守府将軍という官職である。鎮守府将軍にかんしては、繰りかえし触れてきたように、頼朝や義仲などの源氏にとっては「曩祖将軍」源頼義の官職として、秀郷流藤原氏にとっては藤原秀郷以来の「四代将軍」の官職として、良文流平氏にとっては「将軍」平良文の官職として、武士社会では氏意識と結びついて、常に誇りをもって想起されていた官職である。頼朝が奥州合戦後の吉書始と論功行賞を、陸奥国胆沢郡鎮守府故地でおこなったことも、この官職がいかに頼義の武功伝承と結合して強く意識されていたかを示していよう。

とすれば、頼朝は「曩祖将軍」頼義の鎮守府将軍の伝統を吸収しつつ、事実上鎮守府将軍の地位にあった奥州藤原氏を超える、より高次の軍事支配者として、「大将軍」という称号を望んだのではないだろうか。頼朝の征夷大将軍任官後、鎮守府将軍の補任がなくなることも、鎮守府将軍の地位を吸収するかたちで頼朝の「大将軍」が成立したことを示している（高橋富雄『地方からの日本史』『征夷大将軍』）。

以上のように、奥州合戦によって「曩祖将軍」源頼義の武功を御家人たちに強烈に認識させ、その正統的後継者として武士社会において鎌倉殿の権威を確立した頼朝にとって、征夷大将軍は、頼義の鎮守府将軍の伝統を継承する鎌倉殿＝武家の棟梁にふさわしい官職であった。

元久《げんきゆう》二年（一二〇五）閏七月、北条時政やその妻牧《まき》の方らが、将軍実朝《さねとも》にかえて源氏一族の平賀《ひらが》朝雅《ともまさ》を将軍に擁立しようとしたさいに、「是れも伊予入道頼義朝臣五代の末なれば、将軍に成らんに何の子細か有るべき」と主張されているのは（『保暦間記』〈『群書類従』第二六輯「雑部」〉）、頼義の末裔であることが征夷大将軍に任官できる資格と考えられていたことを示している。

つまり、近世に至るまでのちの歴史を規定しつづけた武家政権の首長としての征夷大将軍は、はじめから「清和源氏」という特定の氏と分かちがたく成立したのであり、[12]その資格が頼朝の末裔ではなく、頼義の末裔と認識されているところに、まさに奥州合戦後の思想的特徴があらわれているのである。

じつに奥州合戦こそは、近世までをも貫く「源氏将軍」という「神話」の起点だったのである。

註

はじめに

（1）戸田芳実「中世封建制の成立過程」（『日本領主制成立史の研究』、岩波書店、一九六七年）などを参照。

第一章

（1）野口実「平良文の子孫たち」（『鎌倉の豪族I』、かまくら春秋社、一九八三年）参照。
（2）たとえば、佐藤進一『日本の歴史9　南北朝の動乱』（中央公論社、一九六五年）、新井孝重「南北朝内乱期の戦力」（『中世悪党の研究』、吉川弘文館、一九九〇年）、関幸彦「『武』の光源」（福田豊彦編『中世を考える　いくさ』、吉川弘文館、一九九三年）などを参照。
（3）『延慶本平家物語』は、北原保雄・小川栄一編『延慶本平家物語　本文篇』（勉誠社、一九九〇年）に基づくが、本書では読みやすくするため、漢文体の部分は読み下し文に、原文の片仮名や旧仮名づかいは、平仮名・現代仮名づかいに改めるとともに、適宜、漢字や読み仮名も補った。以下、他の史料引用も同様に、手を加えている場合があることをあらかじめお断りしておきたい。
（4）たとえば、『延慶本平家物語』第四「木曾可滅之由法皇御結構事」における壱岐判官知康、同第五本「梶原与佐々木馬所望事」における梶原景季、同第五本「義仲都落ル事付義仲被討事」の木曾義仲の装束描写などに矢数二十四本と見える。また、鈴木敬三『新訂増補故実叢書　武装図説』（明治図書出版・吉川弘文館、一九五四年）も参照。
（5）治承・寿永内乱期における組打ちの流行や、それとの関連で新たな武芸としての相撲に注目した研究に、石井進『日本の歴史7　鎌倉幕府』（中央公論社、一九六五年）、同『日本の歴史12　中世武士団』（小学館、一九七四年）、高橋昌明「騎兵と水軍」（戸田芳実編『日本史2　中世1』、有斐閣、一九七八年）、野口実「相撲人と武士」（中世東国史研究会編『中世東国史の研究』、東京大学出版会、一九八八年）などがある。

(6) 高橋昌明前掲註5論文参照。
(7) 治承・寿永内乱期における「馬当て」の流行に言及したものに、川合康「鎌倉初期の戦争と在地社会」(『中世内乱史研究』一二号、一九九二年)、梶原正昭「いくさ物語の形象とパターン」(『新日本古典文学大系　平家物語下』、岩波書店、一九九三年)がある。
(8) 戸田芳実「武士団の成長」(『日本生活文化史』第三巻、河出書房新社、一九七四年、のち『中世の神仏と古道』に再録、吉川弘文館、一九九五年)、高橋昌明「武士の発生とその性格」(『歴史公論』八号、一九七六年)などを参照。
(9) 戸田芳実「国衙軍制の形成過程」、高橋昌明前掲註8論文、元木泰雄『武士の成立』(吉川弘文館、一九九四年)などを参照。
(10) 大鎧の成立については、鈴木敬三『甲冑写生図集解説』(『中村春泥遺稿　甲冑写生図集』、吉川弘文館、一九七九年)も参照。
(11) 野口実『武家の棟梁の条件』(中央公論社、一九九四年)は、武具・馬具の生産地として京都七条町に注目している。
(12) 高橋昌明前掲「騎兵と水軍」参照。
(13) 正倉院や春日大社に伝存する「丸木弓」については、『特別展　日本の武器武具』(東京国立博物館、一九七六年)を参照。
(14) 弓の発展については、日本学士院明治前日本科学史刊行会編『明治前日本造兵史』(日本学術振興会、一九六〇年)、森俊男「弓矢の威力」「弓矢の発達」(『復元の日本史　合戦絵巻』、毎日新聞社、一九九〇年)、近藤好和「武器からみた内乱期の戦闘」(『日本史研究』三七三号、一九九三年)なども参照。
(15) 「騎射」と「馳射」については、近藤好和前掲註14論文参照。
(16) 大鎧の構造については、鈴木敬三前掲註10論文、同「武装」(『復元の日本史　合戦絵巻』、毎日新聞社、一九九〇年)、山上八郎・山岸素夫『鎧と兜』(保育社、一九七五年)、山岸素夫・宮崎真澄『日本甲冑の基礎知識』(雄山閣出版、一九九〇年)、高橋昌明前掲註5・8論文、関幸彦前掲註2論文、近藤好和「大鎧とは」(『朝日百科日本の歴史別冊　歴史を読みなおす8　武士とは何だろうか』、朝日新聞社、一九九四年）などを参照。

(17) なお、語り本の『覚一本平家物語』からの引用は、主として高木市之助・小澤正夫・渥美かをる・金田一春彦校注『日本古典文学大系　平家物語』上・下巻（岩波書店、一九五九・六〇年）に基づき、出典註では単に『平家物語』と記す。

(18) 当該期の「腹巻」（のち「胴丸」）に名称変化については、鈴木敬三「腹巻の名称と構造」（『国学院雑誌』六三巻一〇・一一号、一九六二年）、同「腹巻・胴丸・腹当考」（『国学院高等学校紀要』一六輯、一九七六年）を参照。

第二章

(1) 笹間良彦「戦記絵巻物より見た甲冑武具の表現春日権現霊験記」（『甲冑武具研究』三五号、一九七五年）も参照。

(2) 各名馬の体高の出典は以下のとおりである。「青海波」「月輪」「白浪」「秩父鹿毛」は『源平盛衰記』巻三四「佐々木賜生唼」（『源平盛衰記』の引用は、『源平盛衰記』〈国民文庫刊行会、一九一〇年〉による）、「大夫黒」は『平家物語　長門本』（国書刊行会、一九〇六年）巻一八「奥州佐藤三郎兵衛被討事」、「夕貌」は『源平盛衰記』巻二〇「石橋合戦」、「生飡」「目糟毛」は『延慶本平家物語』第五本「梶原与佐々木馬所望事」。なお、軍記物語にあらわれる名馬の体高については、『古今要覧稿』巻五一〇「禽獣部　馬二」が詳しく紹介している。また、林田重幸『日本在来馬の系統に関する研究』、末崎真澄「源平期の馬の実際」、加茂儀一『騎行・車行の歴史』（法政大学出版局、一九八〇年）なども参照。

(3) たとえば『吾妻鏡』元暦元年八月六日条。

(4) この文書については、戸田芳実「武士団の成長」（『日本生活文化史』第三巻、河出書房新社、一九七四年、のち『中世の神仏と古道』に再録、吉川弘文館、一九九五年）、同「初期中世武士の職能と諸役」（『日本の社会史4　負担と贈与』、岩波書店、一九八六年、のち『初期中世社会史の研究』に再録、東京大学出版会、一九九一年）、石井進「中世成立期軍制研究の一視点」（『史学雑誌』七八編一二号、一九六九年）、同「院政期の国衙軍制」(『法制史研究』二〇号、一九七一年)、同「中世成立期の軍制」(『鎌倉武士の実像』、平凡社、一九八七年)などを参照。

(5) なお当時の日本では、これだけの重量を支える馬の蹄に、蹄鉄がつけられておらず、この事実に注目した加茂儀一氏は、中世軍馬は蹄の損傷のために攻撃力をかなり失っていた可能性を指摘している(前掲註2著書)。しかし、黒田日出男氏は「馬のサンダル」(『月刊百科』二六三号、一九八四年、のち『姿としぐさの中世史』に再録、平凡社、一九八六年)において、在来馬はサラブレッドと違って蹄が堅く、あまり保護する必要がなかったとする鈴木健夫氏の見解を紹介し、日本では、蹄を傷めやすい石の道や滑りやすい山道などでは、藁沓を随時はかせていたとして、蹄鉄を打つ打たないは何も文化的水準の問題ではなかったことを主張している。

(6) 年月日未詳「僧頼源解」(山口光円氏本打聞集裏文書、『平安遺文』四―一六七九)によれば、大鎧は腹巻の四倍の価格であった。鈴木敬三「綴牛皮という名称と構造」(『日本歴史』二六四号、一九七〇年)参照。

(7) 治承・寿永の内乱の様相については、松本新八郎「玉葉にみる治承四年」(『文学』一七巻一〇号、一九四九年、のち『歴史科学大系4　日本封建制の社会と国家　上』に再録、校倉書房、一九七三年)、石母田正『古代末期の政治過程および政治形態』(日本評論社、一九五〇年、のち『石母田正著作集』第六巻に再録、岩波書店、一九八九年)、田中稔「院政と治承・寿永の乱」(『岩波講座日本歴史　第四巻　古代四』、岩波書店、一九七六年、のち『鎌倉幕府御家人制度の研究』に再録、吉川弘文館、一九九一年)、工藤敬一「鎮西養和内乱試論」(『法文論叢』四一号、一九七八年、のち『荘園公領制の成立と内乱』に再録、思文閣出版、一九九二年)、田中文英「治承・寿永の内乱」(『平氏政権の研究』、思文閣出版、一九九四年)などを参照。

(8) 飯田悠紀子『保元・平治の乱』(教育社、一九七九年)参照。

(9) (元暦元年)八月二九日「紀伊国惣追捕使豊島有経請文案」(根来要書、『平安遺文』八―四二〇四）、文治五年二月九日「源頼朝下文」（島津家文書、『鎌倉遺文』一―三六四）など。

(10) 石母田正『平家物語』（岩波書店、一九五七年）参照。

(11) 黒田日出男「中世農業技術の様相」（『講座・日本技術の社会史1　農業・農産加工』、日本評論社、一九八三年）、同「腰に差す物」（『姿としぐさの中世史』、平凡社、一九八六年）などを参照。

(12) ちなみに『吾妻鏡』弘長元年（一二六一）四月二十五日条には、近年小笠懸を好んでおこなう者がないので、それに堪能な武士がいないと記されており、頼朝の熱心な奨励政策にもかかわらず、「馳射」の武芸は鎌倉中期に至ってさらに衰退している状況がうかがえよう。河合正治「鎌倉武士団とその精神生活」参照。

第三章

(1) 日本学士院明治前日本科学史刊行会編『明治前日本造兵史』（日本学術振興会、一九六〇年）参照。なお絵画史料にあらわれた楯については、鈴木敬三「盾」（『有職故実大辞典』、吉川弘文館、一九九五年）を参照。

(2) 田中文英「治承・寿永の内乱」（『平氏政権の研究』、思文閣出版、一九九四年）参照。

(3) 村田修三「中世の城館」（『講座・日本技術の社会史6　土木』、日本評論社、一九八四年）、千田嘉博・小島道裕・前川要『城館調査ハンドブック』（新人物往来社、一九九三年）などを参照。

(4) なお、橋口氏の見解をめぐるその後の議論の展開については、橋口定志・広瀬和雄・峰岸純夫「鼎談　中世居館」（『季刊自然と文化』三〇号、一九九〇年）、小笠原好彦「地頭居館の系譜」（『高田大屋敷遺跡　第8次発掘調査報告書』、菊川町教育委員会、一九九三年）、小山靖憲「中世武家館址をめぐる二、三の問題」（『和歌山地方史研究』二五・二六号、一九九四年）などを参照。

(5) ここで述べている城郭は、領主権力によって軍事的拠点に構築された城郭のことであるが、これとは異なる機能をもつ城として、集落に付随する「村の城」がある。中世城郭史研究における「村の城」論の新動向については、市村高男「戦国期城郭の形態と役割をめぐって」（『争点日本の歴史

4 中世編』、新人物往来社、一九九一年）を参照。

（6）中澤克昭「空間としての『城郭』とその展開」（『城と館を掘る・読む』、山川出版社、一九九四年）も参照。

（7）なお、寿永三年（一一八四）初頭に摂津国福原を本拠地に、東の生田の森と西の一の谷に「城郭」を築いた平氏のばあい、山を背にして海に面する福原は閉じられた空間のように見えるかもしれないが、生田の森・一の谷合戦の段階では瀬戸内の制海権は平氏軍が掌握しており、海上に浮かぶ多くの平氏大船の存在から考えても、海上ルートが逃走ルートとして当初から予定されていたことは明らかである。

（8）亀井千歩子『塩の道・千国街道』（東京新聞出版局、一九八〇年）、市川健夫「日本における馬と牛の文化」（『日本民俗文化大系6　漂泊と定着』、小学館、一九八四年）、田村善次郎「峠越え」（『旅の民俗と歴史8　山の道』、八坂書房、一九八七年）、須藤功編『とる・はこぶ〈縮刷版〉写真でみる日本生活図引②』（弘文堂、一九九四年）などを参照。

（9）戸田芳実「垂水御牧について」（『吹田の歴史』七号、一九八〇年、のち『初期中世社会史の研究』に再録、東京大学出版会、一九九一年）参照。

（10）大石直正氏はすでに「奥州藤原氏と阿津賀志山合戦」（国見町郷土史研究会編『郷土の研究』一九号、一九八九年）において、後述する「阿津賀志山二重堀」の堀が、東北地方に展開した馬牧の堀にヒントを得たものであった可能性を指摘している。

（11）一二三〇〜一二四〇年代に成立したと推測される古態本の『平治物語』においても、「龍華越にかかりける所に、横川法師二三百人、落人とどめんとて、道を切りふさぎ、逆茂木引き、高き所に石弓張りて、待ちかけたり」と見えており（中「義朝敗北の事」、『新日本古典文学大系　保元物語・平治物語・承久記』、岩波書店、一九九二年）、じっさいに平治の乱の落武者狩りでこのようなことが、おこなわれたかどうかは別にしても、治承・寿永の内乱を経た鎌倉前期には、遮断施設の構築と石弓の配備は一般的な迎撃パターンとして認識されていたものと思われる。

(12) 大石直正氏は「阿津賀志山防塁の特質」(『国見町文化財調査報告書第9集　国指定史跡阿津賀志山防塁保存管理計画報告書』、福島県国見町教育委員会、一九九四年)において、前九年合戦(一〇五一〜一〇六二年)での安倍氏の「城柵」をめぐる攻防戦で、すでに騎兵と歩兵の使い分けがおこなわれていたことを指摘している。治承・寿永内乱期の「城郭」戦は、このような十一世紀の東北での反乱における「城柵」を歴史的前提としつつ、内乱の深化と戦闘員の階層的拡大によって一挙に全国化したものととらえることができよう。

(13) 発掘成果については、『福島県文化財調査報告書第82集　伊達西部地区遺跡発掘調査報告』(福島県教育委員会、一九八〇年)、「阿津賀志山防塁」(『日本城郭大系』第三巻、新人物往来社、一九八一年)、『国見町文化財調査報告書第9集　国指定史跡阿津賀志山防塁保存管理計画報告書』(福島県国見町教育委員会、一九九四年)を参照。

(14) 小林清治「奥州合戦と二重堀」(国見町郷土史研究会編『郷土の研究』一〇号、一九七九年)も参照。

なお、そのほかに阿津賀志山合戦をとりあげた研究としては、入間田宣夫「文治五年奥州合戦と阿津賀志山二重堀」(『之波太』一五号、一九八二年、のち『郷土の研究』一三号に再録、一九八三年)、同「白旗迎撃に築かれた背水の陣」(『日本史の舞台3　風翔ける鎌倉武士』、集英社、一九八二年)、大石直正前掲註10論文、同「阿津賀志山合戦と安藤氏」(『東北中世史研究会会報』創刊号、一九八八年)、海老澤衷「中世城館の歴史的変遷」(『月刊文化財』三〇三号、一九八八年)、菊池利雄「奥州合戦と阿津賀志楯」(『郷土の研究』二〇号、一九九〇年)などがある。また、『国見町文化財調査報告書第9集　国指定史跡阿津賀志山防塁保存管理計画報告書』(福島県国見町教育委員会、一九九四年)には、入間田宣夫「阿津賀志山防塁と文治奥州合戦」、小林清治「阿津賀志山防塁の研究史」、日下部善己「阿津賀志山防塁の発掘調査」、菊池利雄「阿津賀志山防塁関連遺構」、大石直正「阿津賀志山防塁の特質」の諸論考が収められている。

(15) 中世における「食料」給付の意義については、

大山喬平「中世における灌漑と開発の労働編成」(『日本中世農村史の研究』、岩波書店、一九七八年)を参照。また、戦時における農兵・夫役が有償であったことをすでに指摘したものとして、藤木久志「領主の危機管理」(『駒沢大学史学論集』二二号、一九九二年)、同「村からみた戦国大名」(『長岡市史研究』五号、一九九四年、前論文とともに『戦国史をみる目』に再録、校倉書房、一九九五年)などがある。

(16)「足夫」が鎌倉からひきいられてきたことは、『吾妻鏡』文治五年七月十九日条を参照。

(17)森野宗明「足軽」(『鎌倉・室町ことば百話』、東京美術、一九八八年)は、『太平記』における足軽の記事に注目して、足軽の工兵としての役割を指摘している。

(18)五味文彦「平氏軍制の諸段階」(『史学雑誌』八八編八号、一九七九年)参照。

(19)戸田芳実前掲註9論文参照。

第四章

(1)養和の大飢饉に関しては、荒川秀俊『災害の歴史』(至文堂、一九六四年)、同「治承四年・養和元年の飢饉」(『日本史小百科　災害』、近藤出版社、一九八五年)、五味文彦『大系日本の歴史5　鎌倉と京』(小学館、一九八八年)などを参照。

(2)河内祥輔『頼朝の時代』(平凡社、一九九〇年)、田中文英「治承・寿永の内乱」(『平氏政権の研究』、思文閣出版、一九九四年)などを参照。

(3)浅香年木「近江・北陸道における『兵僧連合』の成立」(『治承・寿永の内乱論序説』、法政大学出版局、一九八一年)も参照。

(4)石母田正「鎌倉幕府一国地頭職の成立」、また石井進『日本中世国家史の研究』(岩波書店、一九七〇年)一八四・一九一・一九二ページも参照。

(5)有徳役賦課についても、石母田正「鎌倉幕府一国地頭職の成立」を参照。

(6)田村氏は、鎌倉期の「沙汰未練書」において検断沙汰とされている「路次狼藉」と所務沙汰とされている「追捕狼藉」との違いは、双方とも正当な権利ありと称して、前者は路上で掠奪行為をおこなうことであり、後者は住宅ないし施設内で掠奪行為をおこなうことであったと指摘している。

本書で「路次追捕」と述べている「路次」とは、たとえば摂津国垂水東・西牧が「路次たるにより」と表現されているような「街道近隣の地域」という意味においてであり、「追捕」はその地域において、田村氏の指摘のように住宅や倉などの施設に押し入って資財を没収することの意味で用いている。

誤解を招きやすい用語であり、あまり適切ではないかもしれないが、とりあえず意味するところを明確化しておきたい。

(7) のちに成立する『覚一本平家物語』などでは、民衆はただ逃散するだけの存在として描かれている。

(8) 田中稔「『鎌倉殿御使』考」(『史林』四五巻六号、一九六二年、のち『鎌倉幕府御家人制度の研究』に再録、吉川弘文館、一九九一年)、藤本元啓「京都守護」(『芸林』三〇巻二号、一九八一年)などを参照。

(9) なお頼朝の申請によって、生田の森・一の谷合戦後の寿永三年二月二十二日には、いったん諸国の兵粮米賦課を停止する宣旨が下されている(『玉葉』寿永三年二月二十三日条)。しかし、じっさいに兵粮米の徴発や資財の掠奪がなくならなかったことは、同年八月に紀伊国惣追捕使豊島有経による伝法院領にたいする兵士役・兵粮米賦課が問題となっていることや(元暦元年八月八日「後白河院庁下文案」、根来要書下、『平安遺文』八―四一九二)、「平氏を追討するの間、事を兵粮に寄せ、散在の武士、畿内近国の所々において狼藉を致すの由、諸人の愁緒あり」とする『吾妻鏡』翌元暦二年二月五日条で明らかであろう。

(10) なお「山落とし」については、入間田宣夫「泰時の徳政」(『東北大学教養部紀要』三七号、一九八二年、のち『百姓申状と起請文の世界』に再録、東京大学出版会、一九八六年)、勝俣鎮夫「落ス」(『ことばの文化史』中世一、平凡社、一九八八年)、保立道久「日本国惣地頭・源頼朝と鎌倉初期新制」(『国立歴史民俗博物館研究報告』第三九集、一九九二年)などを参照。本書では「山落とし」を軍事的捜索の形式と理解する保立氏の見解に従っている。

(11) なお、戦場における人の掠奪については、高木昭作「乱世」(『歴史学研究』五七四号、一九八七年）、山内進『掠奪の法観念史　中・近世ヨーロッパの人・戦争・法』（東京大学出版会、一九九三年）も参照。

(12)「無縁所」「不入の地」としての寺社の性格については、網野善彦『増補　無縁・公界・楽』（平凡社、一九七八年、増補版一九八七年）を参照。

(13)北条時政制札の寸法については、八尾市立歴史民俗資料館の小谷利明氏の御教示による。

(14)水藤真「各種の木札」（『木簡・木札が語る中世』、東京堂出版、一九九五年）は、この北条時政制札を平時の制札と理解している。

(15)なお「木の文書」としての禁制制札が成立してくる過程については、田良島哲「禁制制札の発生」（『三浦古文化』五二号、一九九三年）を参照。

第五章

(1)「言葉戦い」については、藤木久志「言葉戦い」（『戦国の作法』、平凡社、一九八七年）参照。

(2)高橋昌明「伊勢平氏の成立と展開」（『日本史研究』一五七・一五八号、一九七五年、のち加筆して『清盛以前』に再録、平凡社、一九八四年）参照。

(3)『吾妻鏡』の条文解釈については、三浦周行「御家人の特質」（『経済論叢』二〇巻三〜五号、一九二五年、のち『日本史の研究　新輯三』に再録、岩波書店、一九八二年）、高尾一彦「淡路国への鎌倉幕府の水軍配置」（『兵庫県の歴史』七・八号、一九七二年）を参照。

(4)文治の守護・地頭をめぐっては、戦前以来の緻密かつ厖大な研究史が積み重ねられている。石母田説も含めて一九八〇年代に至る研究史については、関幸彦『研究史　地頭』（吉川弘文館、一九八三年）を参照されたい。

(5)国単位で派遣された惣追捕使は、平氏滅亡後の元暦二年（一一八五）六月十九日にいったん停廃されている（『百錬抄』同日条）。また惣追捕使が一国内の軍事動員や兵粮米の徴発にあたっていたことや、国地頭が惣追捕使と同じく軍事動員を担う存在であったことについては、川合康「治承・寿永の『戦争』と鎌倉幕府」（『日本史研究』三四四号、一九九一年）を参照。

(6)内田実「地頭領主制と鎌倉幕府」（『歴史教育』八巻七号、一九六〇年）、上横手雅敬「荘郷地頭

制の成立」（『日本中世政治史研究』、塙書房、一九七〇年）などを参照。

(7) この時の地頭職補任に至る経過は、大山喬平「没官領・謀叛人所帯跡地頭の成立」を参照。

(8) 地頭職という名称は、西国においてはじめて謀叛人跡地頭職を補任した元暦二年六月以降、鎌倉殿の進止権（補任・改替権）を明確化するために意識的に固定化されていったものと思われる。

(9)『玉葉』養和元年八月十二日条も参照。

(10) 古澤直人氏も『鎌倉幕府と中世国家』（校倉書房、一九九一年）の「序章」において触れているように、牧氏の「委任制封建制度」の理論は、国体の暗黒時代とされていた中世武家政権の成立と「我国独自」の「国体の特色」とをいかに矛盾なく理解するかという点に主眼が置かれており、執筆当時の政治・思想状況を強く反映したものであったことに注意する必要があろう。

(11) 義江彰夫「院政期の没官と過料」（『奈良平安時代史論集』下巻、吉川弘文館、一九八四年）参照。

(12) 川合康「鎌倉幕府荘郷地頭制の成立とその歴史的性格」（『日本史研究』二八六号、一九八六年）参照。

(13) たとえば、元暦二年一月十九日「僧文覚起請文」（神護寺文書、『平安遺文』九―四八九二）には、「彼の吉富庄内宇都郷は、故左馬頭源朝臣義朝の私領なり。しかるに平治元年の比、彼の義朝朝臣謀叛の後、没官の処たるにより、平家の所領と成し畢んぬ」とある。

(14) 敵方所領没収をおこなった鎌倉方の武士が、じっさいにそれを「没官」と称しておこなっていたことは、文治二年七月日「東大寺三綱等解案」（東大寺文書、『鎌倉遺文』一―一三三）や、建久六年七月九日「八条院庁下文案」（金剛寺文書、『鎌倉遺文』二―八〇四）などの史料から明らかである。

(15)「文書調進の役」などに見られる国衙に対する幕府の命令権については、石井進「鎌倉幕府と国衙との関係の研究」（『日本中世国家史の研究』、岩波書店、一九七〇年）を参照。

(16) 川合康「河内国金剛寺の寺辺領形成とその政治的諸関係」（『ヒストリア』一二六号、一九九〇年）参照。

(17) 川合康「鎌倉幕府荘郷地頭職の展開に関する一考察」(『日本史研究』二七二号、一九八五年)参照。
(18)『三重県史』(三重県、一九六四年)参照。
(19) 棚橋光男「伊勢平氏の基盤をめぐって」(『歴史公論』六五号、一九八一年)、川合康「鎌倉幕府荘郷地頭職の展開に関する一考察」も参照。
(20) 大橋御園武士乱入事件に関わる史料は、文治元年十二月日「行恵(多米正富)解案」(醍醐寺文書、『鎌倉遺文』一—三五)、文治二年一月日「行恵(多米正富)申状案」(醍醐寺文書、『鎌倉遺文』一—四四)、文治二年二月十一日「北条時政下文案」(醍醐寺文書、『鎌倉遺文』一—四九)、文治二年二月日「宇佐美祐茂下文案」(醍醐寺文書、『鎌倉遺文』一—五八)、元久元年十二月日「経尊申状案」(醍醐寺文書、『鎌倉遺文』三—一五一三)、康永三年八月日「法楽寺文書紛失記」(田中忠三郎氏所蔵文書)。
(21) なおここで一つ興味ぶかい点は、謀叛人跡の知行を命ずる下文が北条時政の下文によってなされている事実である。頼朝による正式な地頭職補任下文が届くまでの暫時的措置として、京都守護の時政が発給したものと理解すべきだろうか。
(22)「山あがり」「山入り」については、高木昭作「乱世」(『歴史学研究』五七四号、一九八七年)、藤木久志「村の隠物・預物」(『ことばの文化史』中世一、平凡社、一九八八年)、同『雑兵たちの戦場』(朝日新聞社、一九九五年)などを参照。

第六章

(1) 上横手雅敬「古沢・川合両氏の所論に関連して」(『日本中世国家史論考』、塙書房、一九九四年)参照。
(2) 近年「柳之御所跡」遺跡としてこの「平泉の館」が発掘調査され、多大な成果をもたらしたことは周知のことであろう。「柳之御所跡」遺跡については、入間田宣夫『日本の歴史⑦ 武者の世に』(集英社、一九九一年)、斉藤利男『平泉』(岩波書店、一九九二年)、平泉文化研究会編『奥州藤原氏と柳之御所跡』(吉川弘文館、一九九二年)、同編『日本史の中の柳之御所跡』(吉川弘文館、一九九三年)などを参照されたい。
(3) 吉書始と論功行賞の場所が胆沢郡鎮守府故地で

あったと推定されることについては、高橋富雄「『吾妻鏡』と平泉」（『東北古代史の研究』、吉川弘文館、一九八六年）を参照。

（4）じっさいに城頼宗の所領が没収され、この没収地がのち安芸国守護宗孝親にあたえられたことについては、嘉禎二年三月日「安芸国能美荘下司公文重代注文写」（正閏史料外編二能美太郎右衛門家蔵、『鎌倉遺文』七―四九五四）を参照。

（5）なお地頭職を改易された貞種は、奥州合戦とともに前年五月の鬼界島合戦も不参した。

（6）奥州藤原勢が阿津賀志山以外でほとんど抵抗らしい抵抗をしていないことから考えても、幕府全軍の敵ではなかったことは明白である。

（7）治承・寿永内乱期における動員兵力の拡大によって、鎌倉期には御家人として武士身分が階層的に拡大することになったと思われるが、それだけに正統たる武士であることを示すこのような氏意識はむしろ強化され、やがて鎌倉後期には中・下級武士までが氏の遠祖を仮冒するようになることをあらかじめ付け加えておきたい（青山幹哉「中世系図学構築の試み」〔『名古屋大学文学部研究論集』一一六号〈史学三九号〉、一九九三年〕参照）。

（8）羽下徳彦「家と一族」参照。

（9）鎌倉期の武士社会における故実については、花見朔巳「源頼朝と武家故実」（『国学院雑誌』四七巻二号、一九四一年）、鈴木敬三「吾妻鏡に見ゆる故実の一・二」（『国学院雑誌』四七巻七号、一九四一年）、同『新訂増補故実叢書　武装図説』（明治図書出版・吉川弘文館、一九五四年）、藤直幹『中世文化研究』（河原書店、一九四九年）、河合正治「鎌倉武士団の構造」（『岩波講座日本歴史第五巻　中世一』、一九六二年）、同「鎌倉武士団とその精神生活」（『中世武家社会の研究』、吉川弘文館、一九七三年）、川合康「奥州合戦ノート」、野口実「棟梁の条件」（『日本歴史』五三三号、一九九二年）、同「戦士社会の儀礼」（『中世を考える　いくさ』、吉川弘文館、一九九三年）、同『武家の棟梁の条件』（中央公論社、一九九四年）、入間田宣夫「鎌倉武士団における故実の伝承」（『文化における時間意識』、角川書店、一九九三年）などを参照。

（10）藤直幹前掲註9著書、河合正治前掲註9論文参照。

(11) 元木泰雄「院政期政治史の構造と展開」(『日本史研究』二八三号、一九八六年)は、頼義・義家段階における追討使や受領などの地位に基づく東国武士との主従関係は一時的なものにすぎず、頼朝の御家人制につながるような性質のものではなかったことを指摘している。

(12) 鎌倉幕府の源氏将軍が三代で途絶えたのちも、このような源氏将軍観が消滅せず、武家権力の正統イデオロギーとしてのちの時代にまで影響をもたらしたことについては、川合康「源氏将軍と武士社会」(『朝日百科日本の歴史別冊　歴史を読みなおす8　武士とは何だろうか』、朝日新聞社、一九九四年)、同「武家の天皇観」(『講座前近代の天皇　第4巻　統治的諸機能と天皇観』、青木書店、一九九五年)を参照。

参考文献一覧

はじめに

兵藤裕己『太平記〈よみ〉の可能性』（講談社選書メチエ、一九九五年）
石母田正『平家物語』（岩波書店、一九五七年）
高橋昌明「武士と王権」（『朝日百科日本の歴史別冊　歴史を読みなおす8　武士とは何だろうか』、朝日新聞社、一九九四年）
石母田正『古代末期の政治過程および政治形態』（日本評論社、一九五〇年、のち『石母田正著作集』第六巻に再録、岩波書店、一九八九年）
高田実「平氏政権論序説」（『日本史研究』九〇号、一九六七年）

第一章

『日本古典文学大系　今昔物語集』第四巻（岩波書店、一九六二年）
河合正治「鎌倉武士団とその精神生活」（『中世武家社会の研究』、吉川弘文館、一九七三年）
小林美和「延慶本平家物語の成立」（栃木孝惟『平家物語の成立　あなたが読む平家物語1』、有精堂出版、一九九三年）
新田一郎『相撲の歴史』（山川出版社、一九九四年）
大江志乃夫『日露戦争と日本軍隊』（立風書房、一九八七年）
金子有鄰『日本の伝統馬術　馬上武芸篇』（日貿出版社、一九七五年）
上横手雅敬「平安中期の警察制度」（竹内理三博士還暦記念会編『律令国家と貴族社会』、吉川弘文館、一九六

九年）
『日本思想大系8　古代政治社会思想』（岩波書店、一九七九年）
石井進「中世成立期軍制研究の一視点」（『史学雑誌』七八編一二号、一九六九年）
同「院政期の国衙軍制」（『法制史研究』二〇号、一九七一年）
同「中世成立期の軍制」（『鎌倉武士の実像』、平凡社、一九八七年）
戸田芳実「国衙軍制の形成過程」（『中世の権力と民衆』、創元社、一九七〇年、のち『初期中世社会史の研究』に再録、東京大学出版会、一九九一年）
同「国衙軍制の形成序説」（『法制史研究』二〇号、一九七一年）
石井進「院政時代」（『講座日本史2　封建社会の成立』、東京大学出版会、一九七〇年）
高橋昌明「武士を見なおす」「武士と王権」（『朝日百科日本の歴史別冊　歴史を読みなおす8　武士とは何だろうか』、朝日新聞社、一九九四年）
『大蔵虎寛本　能狂言』上巻（岩波文庫、一九四二年）
鴇田泉「流鏑馬行事の成立」（『お茶の水女子大学　人文科学紀要』四〇巻、一九八七年）
同「流鏑馬行事と鎌倉武士団」（『芸能史研究』九九号、一九八七年）
『新訂増補故実叢書　貞丈雑記』（明治図書出版、一九五二年）
『覆刻日本古典全集　倭名類聚鈔』（現代思潮社、一九七八年）

第二章

鈴木敬三『新訂増補故実叢書　武装図説』（明治図書出版・吉川弘文館、一九五四年）
森俊男「弓矢の威力」「弓矢の発達」（『復元の日本史　合戦絵巻』、毎日新聞社、一九九〇年）
山本幸司「合戦における文化対立」（『朝日百科日本の歴史別冊　歴史を読みなおす8　武士とは何だろう

か』、朝日新聞社、一九九四年）
日本人類学会編『鎌倉材木座発見の中世遺跡とその人骨』（岩波書店、一九五六年）
林田重幸「中世日本の馬について」（『日本畜産学会報』二八巻五号、一九五七年、のち『馬の文化叢書3中世　馬と日本史2』に再録、馬事文化財団、一九九五年）
同『日本在来馬の系統に関する研究』（日本中央競馬会、一九七八年）
末崎真澄「源平期の馬の実際」（『歴史群像シリーズ　源平の興亡』、学習研究社、一九八九年）
同「源平期の馬の実像」（『復元の日本史　合戦絵巻』、毎日新聞社、一九九〇年）
『覆刻日本古典全集　壒嚢鈔』（現代思潮社、一九七七年）
『古今要覧稿』第六巻（国書刊行会、一九〇七年）
『新訂　梁塵秘抄』（岩波文庫、一九四一年）
野口実『武家の棟梁の条件』（中央公論社、一九九四年）
高山寺典籍文書綜合調査団編『高山寺本古往来・表白集』（東京大学出版会、一九七二年）
木下順二『木下順二集8「子午線の祀り」とその世界』（岩波書店、一九八九年）
戸田芳実『中世の神仏と古道』（吉川弘文館、一九九五年）
「義経騎馬軍団」（『ＮＨＫ歴史への招待⑥』、日本放送出版協会、一九八〇年）
坂内誠一「戦いと馬」（『碧い目の見た日本の馬』、聚海書林、一九八八年）
石井紫郎「合戦と追捕」（『国家学会雑誌』九一巻七・八・一一・一二号、一九七八年、のち『日本人の国家生活』に再録、東京大学出版会、一九八六年）
近藤好和「武器からみた内乱期の戦闘」（『日本史研究』三七三号、一九九三年）
川合康「治承・寿永の『戦争』と鎌倉幕府」（『日本史研究』三四四号、一九九一年）
近藤好和「日本の弓矢」（『朝日百科日本の歴史別冊　歴史を読みなおす8　武士とは何だろうか』、朝日新聞

社、一九九四年）
河合正治「形成期武士階層とその精神的雰囲気」（『中世武家社会の研究』、吉川弘文館、一九七三年）
元木泰雄「平氏政権の崩壊」（『宮川秀一先生古稀記念出版　日本史における国家と社会』、思文閣出版、一九九二年）
高木昭作「『秀吉の平和』と武士の変質」（『思想』七二一号、一九八四年、のち『日本近世国家史の研究』に再録、岩波書店、一九九〇年）
野口実「平氏政権下における坂東武士団」（『坂東武士団の成立と発展』、弘生書林、一九八二年）
高橋昌明「武士を見なおす」「武士と王権」（『朝日百科日本の歴史別冊　歴史を読みなおす8　武士とは何だろうか』、朝日新聞社、一九九四年）
河合正治「鎌倉武士団とその精神生活」（『中世武家社会の研究』、吉川弘文館、一九七三年）

第三章

大類伸・鳥羽正雄『日本城郭史』（雄山閣、一九三六年）
村田修三「史料としての城館」（『中世資料論の現在と課題』、名著出版、一九九五年）
橋口定志「絵巻物に見る居館」（豊島区立郷土資料館研究紀要『生活と文化』二号、一九八六年）
同「中世居館の再検討」（『東京考古』五号、一九八七年）
同「中世方形館を巡る諸問題」（『歴史評論』四五四号、一九八八年）
同「中世東国の居館とその周辺」（『日本史研究』三三〇号、一九九〇年）
同「方形館はいかに成立するのか」（『争点日本の歴史4　中世編』、新人物往来社、一九九一年）
服部英雄「中世城館論」（『景観にさぐる中世』、新人物往来社、一九九五年）
中澤克昭「中世城郭史試論」（『史学雑誌』一〇二編一一号、一九九三年）

永井路子『つわものの賦』（文春文庫、一九八三年）
藤本正行『信長の戦国軍事学』（ＪＩＣＣ出版局、一九九三年）
福田豊彦『平将門の乱』（岩波書店、一九八一年）
戸田芳実「垂水御牧について」（『吹田の歴史』七号、一九八〇年、のち『初期中世社会史の研究』に再録、東京大学出版会、一九九一年）
『日本古典文学大系　保元物語・平治物語』（岩波書店、一九六一年）
小林清治「南奥州の武士団」（『図説福島県の歴史』河出書房新社、一九八九年）
大石庄一「山林の仕事と道具」（『図録山漁村生活史事典』、柏書房、一九八一年）
田中稔「院政と治承・寿永の乱」（『鎌倉幕府御家人制度の研究』、吉川弘文館、一九九一年）
『日本古典文学大系　太平記』第二巻（岩波書店、一九六一年）
『日本古典文学大系　愚管抄』（岩波書店、一九六七年）

第四章

『日本古典文学大系　方丈記・徒然草』（岩波書店、一九五七年）
山本武夫『気候の語る日本の歴史』（そしえて、一九七六年）
荒川秀俊『災害の歴史』（至文堂、一九六四年）
浅香年木「義仲軍団崩壊後の北陸道」（『治承・寿永の内乱論序説』、法政大学出版局、一九八一年）
石母田正「鎌倉幕府一国地頭職の成立」（『中世の法と国家』、東京大学出版会、一九六〇年、のち『石母田正著作集』第九巻に再録、岩波書店、一九八九年）
田村憲美「『追捕』覚書」（『民衆史研究会・会報』二〇号、一九八三年）
木村茂光「中世成立期における畠作の性格と領有関係」（『日本史研究』一八〇号、一九七七年、のち『日本古

代・中世畠作史の研究』に再録、校倉書房、一九九二年）
戸田芳実「国衙軍制の形成過程」（『中世の権力と民衆』、創元社、一九七〇年、のち『初期中世社会史の研究』に再録、東京大学出版会、一九九一年）
藤木久志『雑兵たちの戦場』（朝日新聞社、一九九五年）
堀内和明「治承・寿永内乱期における大鳥郷の位置」（『高石市史研究紀要』一号、一九八四年）
同「治承・寿永内乱と大鳥郷」（『高石市史　第一巻　本文編』、高石市、一九八九年）
川合康「治承・寿永の内乱と和泉国」（『岸和田市史　第二巻　古代・中世編』、岸和田市、一九九六年）
石井進『日本の歴史7　鎌倉幕府』（中央公論社、一九六五年）
『雑兵物語　おあむ物語』（岩波文庫、一九四三年）
藤木久志「村の隠物・預物」（『ことばの文化史』中世一、平凡社、一九八八年）
『箕面市史　第一巻（本編）』（箕面市役所、一九六四年）
戸田芳実「中世箕面の形成」（『箕面市史　第一巻（本編）』、箕面市役所、一九六四年）
『日本古典文学大系　沙石集』（岩波書店、一九六六年）
田良島哲「南北朝時代の制札と禁制」（『古文書研究』三五号、一九九一年）
川合康「鎌倉初期の戦争と在地社会」（『中世内乱史研究』一二号、一九九二年）
同「兵の道と百姓の習い」（『朝日百科日本の歴史別冊　歴史を読みなおす15　城と合戦』、朝日新聞社、一九九三年）
中村直勝『日本古文書学』上巻（角川書店、一九七一年）

第五章

田良島哲「六波羅探題発給の二枚の制札」（『日本歴史』五一一号、一九九〇年）

野口実「平氏政権下における坂東武士団」（『坂東武士団の成立と発展』、弘生書林、一九八二年）
同「流人の周辺」（『中世日本の諸相』上巻、吉川弘文館、一九八九年、のち『中世東国武士団の研究』に再録、高科書店、一九九四年）
同「十二世紀における坂東武士団の存在形態」（『坂東武士団の成立と発展』、弘生書林、一九八二年）
河内祥輔『頼朝の時代』（平凡社、一九九〇年）
元木泰雄「平氏政権の崩壊」（『宮川秀一先生古稀記念出版　日本史における国家と社会』、思文閣出版、一九九二年）
川合康「武家の天皇観」（『講座前近代の天皇　第4巻　統治的諸機能と天皇観』、青木書店、一九九五年）
田中文英「治承・寿永の内乱」（『平氏政権の研究』、思文閣出版、一九九四年）
網野善彦「日本の文字社会の特質」（『列島の文化史』五号、一九八八年、のち『日本論の視座』に再録、小学館、一九九〇年）
田中稔「鎌倉時代における伊予国の地頭御家人について」（『荘園制と武家社会』、吉川弘文館、一九六九年、のち『鎌倉幕府御家人制度の研究』に再録、吉川弘文館、一九九一年）
牧健二『日本封建制度成立史』（弘文堂書房、一九三五年）
石母田正「鎌倉幕府一国地頭職の成立」（『中世の法と国家』、東京大学出版会、一九六〇年、のち『石母田正著作集』第九巻に再録、岩波書店、一九八九年）
同「文治二年の守護地頭停止の史料について」（『中世の窓』三号、一九五九年、のち『石母田正著作集』第九巻に再録、岩波書店、一九八九年）
三田武繁「文治の守護・地頭問題の基礎的考察」（『史学雑誌』一〇〇編一号、一九九一年）
大山喬平「没官領・謀叛人所帯跡地頭の成立」（『史林』五八巻六号、一九七五年）
川合康「鎌倉幕府荘郷地頭職の展開に関する一考察」（『日本史研究』二七二号、一九八五年）

田中文英「後白河院政期の政治権力と権門寺院」(『日本史研究』二五〇号、一九八三年、のち『平氏政権の研究』に再録、思文閣出版、一九九四年)
下向井龍彦「王朝国家国衙軍制の構造と展開」(『史学研究』一五一号、一九八一年)
元木泰雄「摂津源氏一門」(『史林』六七巻六号、一九八四年)
上横手雅敬「鎌倉幕府と公家政権」(『岩波講座日本歴史　第五巻　中世一』、岩波書店、一九七五年、のち『鎌倉時代政治史研究』に再録、吉川弘文館、一九九一年)
川合康「鎌倉幕府荘郷地頭制の成立とその歴史的性格」(『日本史研究』二八六号、一九八六年)
上横手雅敬「封建制と主従制」(『岩波講座日本通史　第九巻　中世三』(岩波書店、一九九四年)
藤木久志『戦国の作法』(平凡社、一九八七年)
同「村の当知行」(『戦国期職人の系譜』、角川書店、一九八九年)
同「村の動員」(『中世の発見』、吉川弘文館、一九九三年)
同「村の城・村の合戦」(『朝日百科日本の歴史別冊　歴史を読みなおす15　城と合戦』、朝日新聞社、一九九三年)

第六章

上横手雅敬「建久元年の歴史的意義」(赤松俊秀教授退官記念事業会編『国史論集』、一九七二年、のち『鎌倉時代政治史研究』に再録、吉川弘文館、一九九一年)
同「鎌倉幕府と公家政権」(『岩波講座日本歴史　第五巻　中世一』、岩波書店、一九七五年、のち『鎌倉時代政治史研究』に再録、吉川弘文館、一九九一年)
杉橋隆夫「鎌倉右大将家と征夷大将軍」(『立命館史学』四号、一九八三年)
同「鎌倉初期の公武関係」(『史林』五四巻六号、一九七一年)

田中稔「建久初年の政治過程」（『歴史教育』一一巻六号、一九六三年）
石井進「鎌倉幕府と国衙との関係の研究」（『日本中世国家史の研究』、岩波書店、一九七〇年）
石母田正『中世的世界の形成』（岩波文庫、一九八五年）
上横手雅敬「鎌倉初期の公武関係」（『日本中世政治史研究』、塙書房、一九七〇年）
川合康「治承・寿永の『戦争』と鎌倉幕府」（『日本史研究』三四四号、一九九一年）
入間田宣夫「鎌倉幕府と奥羽両国」（『中世奥羽の世界』、東京大学出版会、一九七八年）
同「白旗迎撃に築かれた背水の陣」（『日本史の舞台3　風翔ける鎌倉武士』、集英社、一九八二年）
川合康「奥州合戦ノート」（『樟蔭女子短期大学紀要　文化研究』三号、一九八九年）
『日本古典文学大系　古今著聞集』（岩波書店、一九六六年）
入間田宣夫「文治五年奥州合戦と阿津賀志山二重堀」（『之波太』一五号、一九八二年、のち『郷土の研究』一三号に再録、一九八三年）
大山喬平「鎌倉幕府の西国御家人編成」（『歴史公論』四〇号、一九七九年）
石井進「中世成立期軍制研究の一視点」（『史学雑誌』七八編一二号、一九六九年）
同「院政時代」（『講座日本史2　封建社会の成立』、東京大学出版会、一九七〇年）
羽下徳彦「家と一族」（『日本の社会史6　社会的諸集団』、岩波書店、一九八八年）
『日本古典文学大系　保元物語・平治物語』（岩波書店、一九六一年）
野口実「十二世紀における坂東武士団の存在形態」（『坂東武士団の成立と発展』、弘生書林、一九八二年）
二木謙一「室町幕府弓馬故実家小笠原氏の成立」（『国学院大学日本文化研究所紀要』二四輯、一九六九年、のち『中世武家儀礼の研究』に再録、吉川弘文館、一九八五年）
高橋昌明「武士の発生とその性格」（『歴史公論』八号、一九七六年）
『詞林采葉抄』（大学堂書店、一九七七年）

野口実「院・平氏両政権下における相模国」(『坂東武士団の成立と発展』、弘生書林、一九八二年)
伊藤清郎「鎌倉幕府の御家人統制と鶴岡八幡宮」(『国史談話会雑誌』豊田・石井両先生退官記念号、一九七三年)
石毛忠「源頼朝の政治思想」(『防衛大学校紀要』五一輯〈人文科学分冊〉、一九八五年)
鈴木尚「遺体の人類学的観察」(『中尊寺学術調査報告　中尊寺と藤原四代』、朝日新聞社、一九五〇年)
同「中尊寺のミイラ」(『骨』、学生社、一九六〇年)
櫻井陽子「頼朝の征夷大将軍任官をめぐって」(『明月記研究』九号、二〇〇四年)
高橋富雄『地方からの日本史』(日本放送出版協会、一九八七年)
同『征夷大将軍』(中央公論社、一九八七年)

原本あとがき

本書は、一九九〇年の日本史研究会大会で報告した「治承・寿永の『戦争』と鎌倉幕府」という研究をもとに、その前後の研究内容もとり入れて、あらたに書き下ろしたものである。

私がそもそも「戦争」を研究対象としてとりあげることになったのは、大学院生時代からの研究テーマであった鎌倉幕府荘郷地頭制の研究を進めていくなかで、幕府権力が治承・寿永内乱期の戦争と密接にかかわって形成されたのではないかという問題関心をもったことが理由である。鎌倉幕府成立史には戦前以来の公武交渉史を軸とする厖大な研究蓄積があるが、戦争自体を分析対象にすえることで、それまでの研究視角とは異なる鎌倉幕府成立史を展開してみようと考えたわけである。

ところで一九九〇年といえば、いまではもう遥か昔のように思えてしまうが、八月にイラクがクウェートに侵攻し、それにともない日本国内では自衛隊の海外派兵を内容とする「国連平和協力法案」が国会に提出され、集中的に論議された年であった。

そこでは、たとえ海外に自衛隊を派遣しても、後方支援部隊は武力行使を目的としないから「軍隊」にはあたらないとする政府自民党の主張にたいして、後方支援はそれ自体が明白な軍事・戦闘行動の一環であり、敵対する軍事力から見れば攻撃対象となる「軍隊」そのものであるという批判が展開していた。

私が「戦争」をテーマとした大会報告の準備を進めていたのは、まさにこのような議論が世間で巻き起こっていた時期であり、その影響を強く受けることになった。戦争を理解するためには、それがたとえ中世の合戦であっても、戦闘場面や戦闘員に視野を限定することなく、軍事施設の構築や補給線、非戦闘員の活動までも含めて全体的に把握することが不可欠である。そうした戦争像を提起しないかぎり正しい戦争認識は生まれないという問題意識は、このような準備段階当時の社会状況のなかで抱くようになったのである。もとより、大会報告は残された課題の多い未熟なものではあったが、準備報告の過程から中世史部会に参加された方々と、リアルな問題関心に基づいて戦争をどうとらえるかという点をめぐって討論できたことは、私にとって貴重な財産になったと思う。

本論のなかでも触れているように、最近の数年間は、中世武士論が進展した一つの画期となっているように思われる。大会報告では、新しい武士論を進められている高橋昌明氏・元木泰雄氏をはじめ、杉橋隆夫氏・田中文英氏・西谷《にしや》地《ち》晴美《せいび》氏・市沢哲氏などの中世史部会参加の方々から、じつに多くの御教示・御助言をいただいた。厚くお礼を申しあげたい。

また、学部時代からの指導教官であった故戸田芳実先生には、さまざまなかたちで温かい御指導と激励をいただいた。報告題名に治承・寿永の「戦争」と銘打ったことにたいして不安をもっていた私に、「題名がなかなかいい」とほめてくださったり、また居酒屋に皆で飲みに行った時などは、馬の習性について私が妻直子の馬術部時代の話をすると、面白がって聞いてくださったりもした。

大会当日に、ジョルジュ・カステランの『軍隊の歴史』を手にして会場にあらわれた先生は、約束（？）を破って鋭い質問をされ、思わず緊張してしまったが、終了後は打ちあげの最後までつきあってくださり、誘われるままに西谷地氏と二人で先生のお宅に泊めていただいた。この時、すでに先生は体をこわされていたが、明け方まで、先生がはじめて日本史研究会で大会報告をされた時の思い出や、備後国太田荘の古道調査などについて話してくださった。

学界向けにあまり論文を書かなくなった神戸大学時代の研究者戸田芳実については、おそらくさまざまな評価がありうると思うが、ゼミなどで二年生だろうが院生だろうがまったく関係なしに学界の最先端レヴェルの助言をされていた先生は、私にとってやはり最も進んだ中世史家の一人であった。その先生のもとで、西谷地氏や市沢氏らとともに勉強できたことは、ほんとうに幸せだったと思う。

講談社学術局の横山建城氏からお電話をいただいたのは、一九九三年四月八日のことである。本書の企画がもちあがってすでに三年を経過することになる。その間、公務が忙しいから、胃カメラを飲まなければならないから、関西から東京への引っ越しでたいへんだから、はては他の原稿催促の方が厳しいから、などというさまざまな理由をもちだしては、待っていただくことになった。私自身でもあきれるぐらいであるが、横山氏はそのたびごとに、じつにねばりづよく励ましてくださった。横山氏の温かい激励と御助言によって、この本はようやく完成することになったと思う。氏に心からお礼を申しあげたい。

一九九六年　二月

川合　康

学術文庫版あとがき

本書は、いわゆる「源平合戦」、治承・寿永内乱期の戦争を歴史学の立場から検討し、内乱の展開のなかで、鎌倉幕府という新しい軍事権力がどのように生み出されてきたのかについて、考察したものである。

「石母田《いしもだ》領主制論」が批判されて、それまで古代的とされた荘園制が中世の基本的な土地制度ととらえられるようになり、院政期の朝廷・貴族政権を中世国家と理解する説が通説化した現在においても、なぜか朝廷のもとで成長した平氏権力の没落を自明視し、東国における鎌倉幕府の成立を、歴史の発展コースとして必然視しようとする傾向は根強い。そこには、少なからず『平家物語』の歴史観が研究者にも影響を与えているように思われる。

本書は、そのような歴史観を「平家物語史観」と呼んで相対化したうえで、幕府権力の形成を、治承・寿永の内乱期の特殊な政治過程や軍事状況から解明しようとするものであった。したがって、本書における「平家物語史観」批判は、けっして『平家物語』の記述の信頼性に向けてなされたわけではなく、そのような歴史観に沿ってつくられてきた歴史像に向けてなされている。

実際に内乱期の諸史料を読んでいると、鎌倉幕府が編纂した『吾妻鏡』の方が、誕生当初の『平家物語』を参照し、それを簡略化して記事を作成していることがわかったり、あるいは同時代人の慈円が著した『愚管抄』に、『平家物語』に直接つながるような曲筆が見られたりするなど、「平家物語史観」はなにも『平家物語』だけの問題ではない。

その一方で、語り本系の『平家物語』のみに史実が記されている場合や、読み本系の後出増補本である『源平盛衰記』に信頼性の高い記事が見られる箇所もあり、やはり『平家物語』の記事は中世史研究にとって不可欠の重要史料なのである。

このように述べると、「ご都合主義」で史料を選択しているように映るかもしれない。しかし、『平家物語』の記述の各部分に即して、一つ一つほかの同時代史料や考古学的成果などと照らし合わせて検討していくことが、歴史学には求められている。史料として使えるか使えないかを即座に判断する便利な基準など、存在しないのである。

さて、本書を刊行してから十数年のあいだに、「平家物語史観」に立脚しない平氏権力論や戦争論、源義経論などがいくつもあらわれ、治承・寿永内乱期の政治史は大きく書き換えられようとしている。たとえば、平氏一門の内部分裂とその都落ちの実態、小松家家人と源義経の同盟関係、鎌倉軍と平氏軍の和平交渉、摂津武士多田行綱による鵯越《ひよどりごえ》の進軍、後白河院の許可のみで屋島に向かった義経の動きなど、従来の「平家物語史観」からは見えてこなかった多様な内乱期の歴史像が提起されている。読者には、是非そのような新しい研究文献を直接に読んでいただき、学問の進展によって歴史が書き換えられていく醍醐味を味わっていただきたいと思う。

学術文庫版を刊行するにあたっては、原本における事実関係の誤りや引用史料の誤字などを訂正するとともに、「生田の森・一の谷合戦」という呼び方や、頼朝が「征夷大将軍」ではなく「大将軍」を申請したことなど、現在の研究水準に合わせて書き改めた箇所がある。また、原本では巻末註で一括記載していた史料・文献の出典名を、可能なかぎり本文中で紹介するかたちに改め（その詳細については巻末の参考文献一覧に整理した）、説明註のみをそのまま残すこととした。

解説は兵藤裕己氏にお願いし、お忙しいなかをお引き受けいただいた。兵藤氏は、私を文学研究の豊かな世界に誘ってくれた大恩人であり、周知のとおり、幅広い視野と学識をもった最も尊敬すべき研究者の一人である。兵藤氏に心から感謝申し上げるとともに、出版にさいしてご尽力いただいた講談社学術図書第一出版部の稲吉稔氏にお礼を申し上げたい。

二〇一〇年二月二十日

川合　康

関東武士団系図①

清和（陽成）源氏

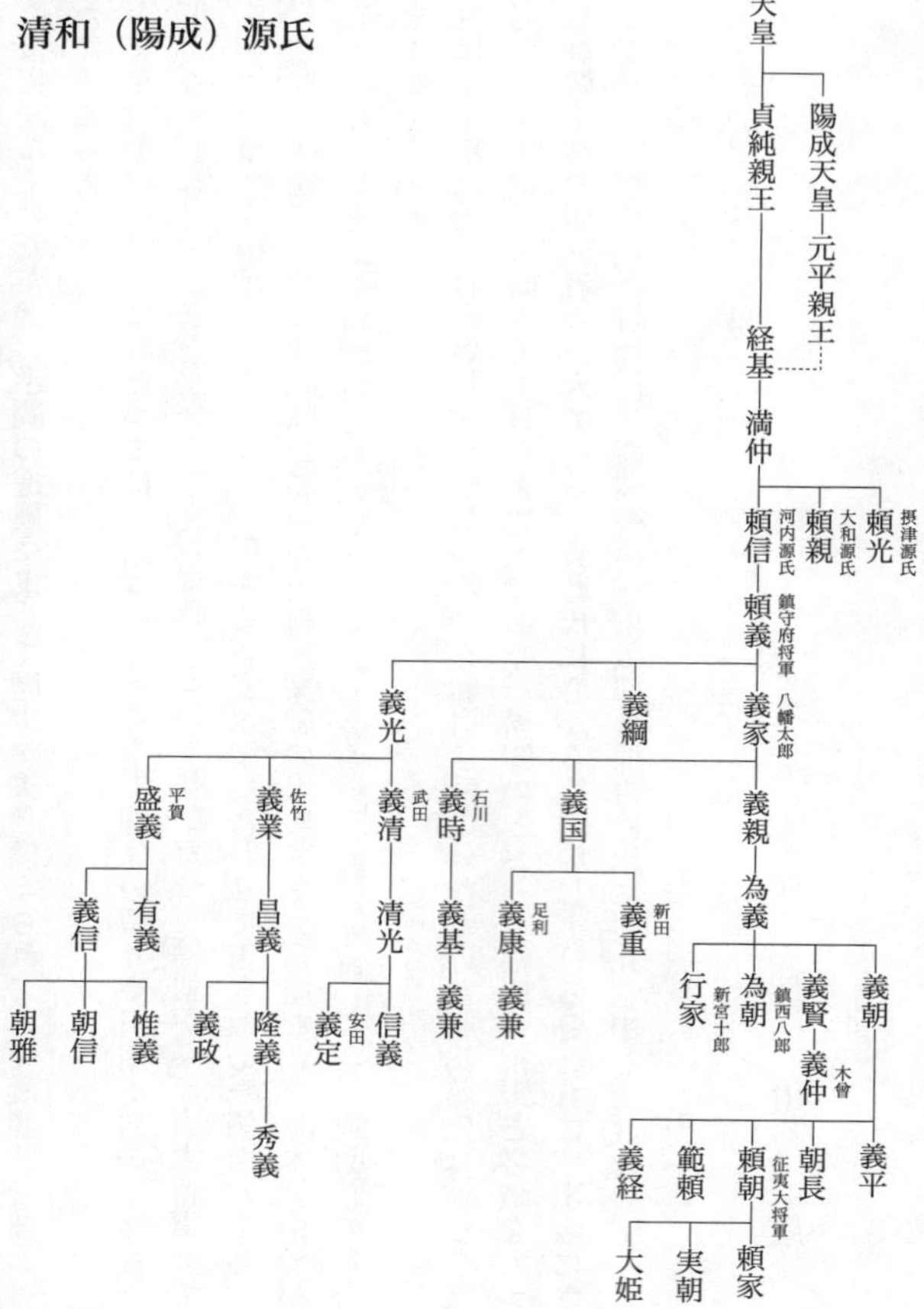

関東武士団系図②

秀郷流藤原氏
奥州藤原氏

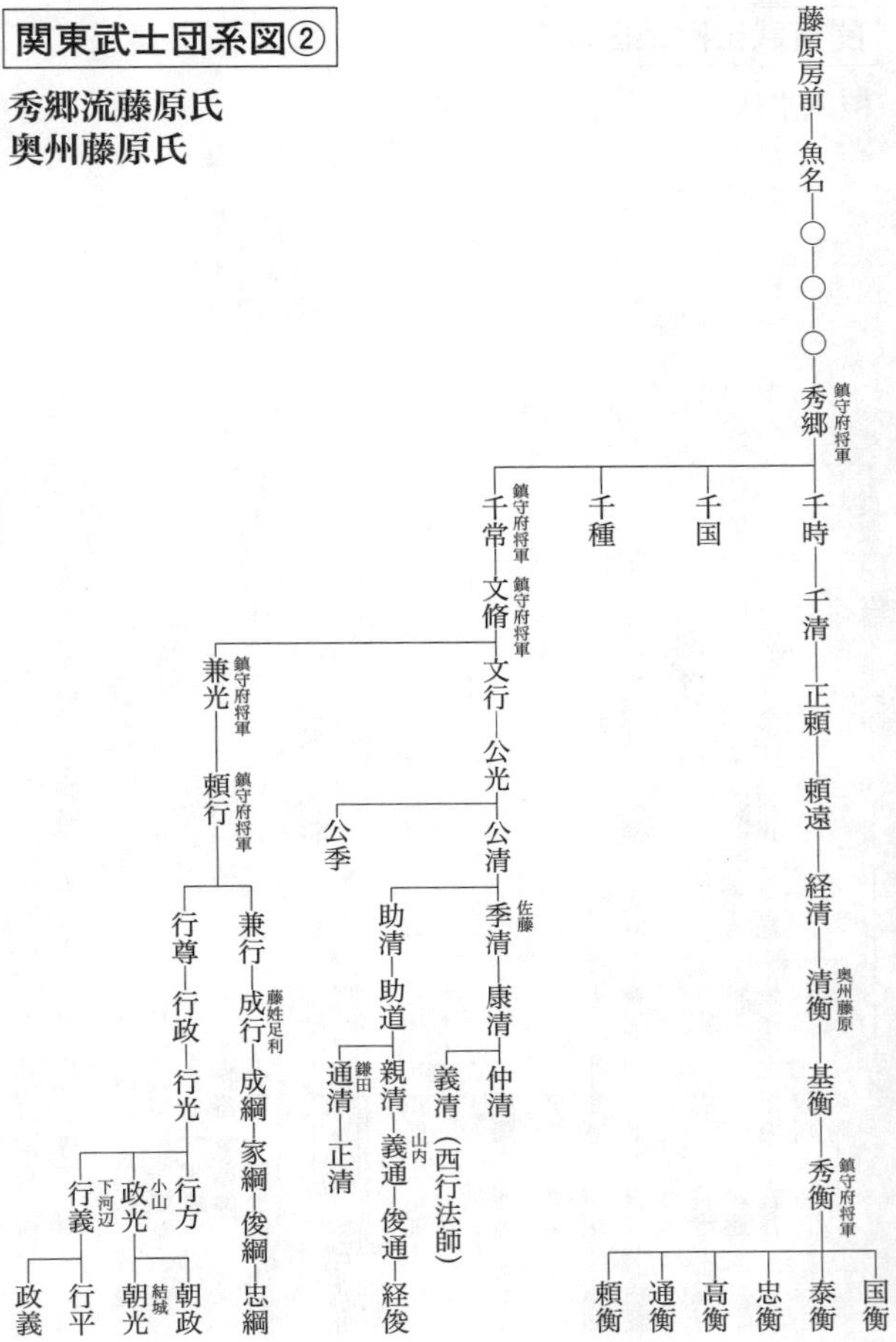

関東武士団系図③

桓武平氏

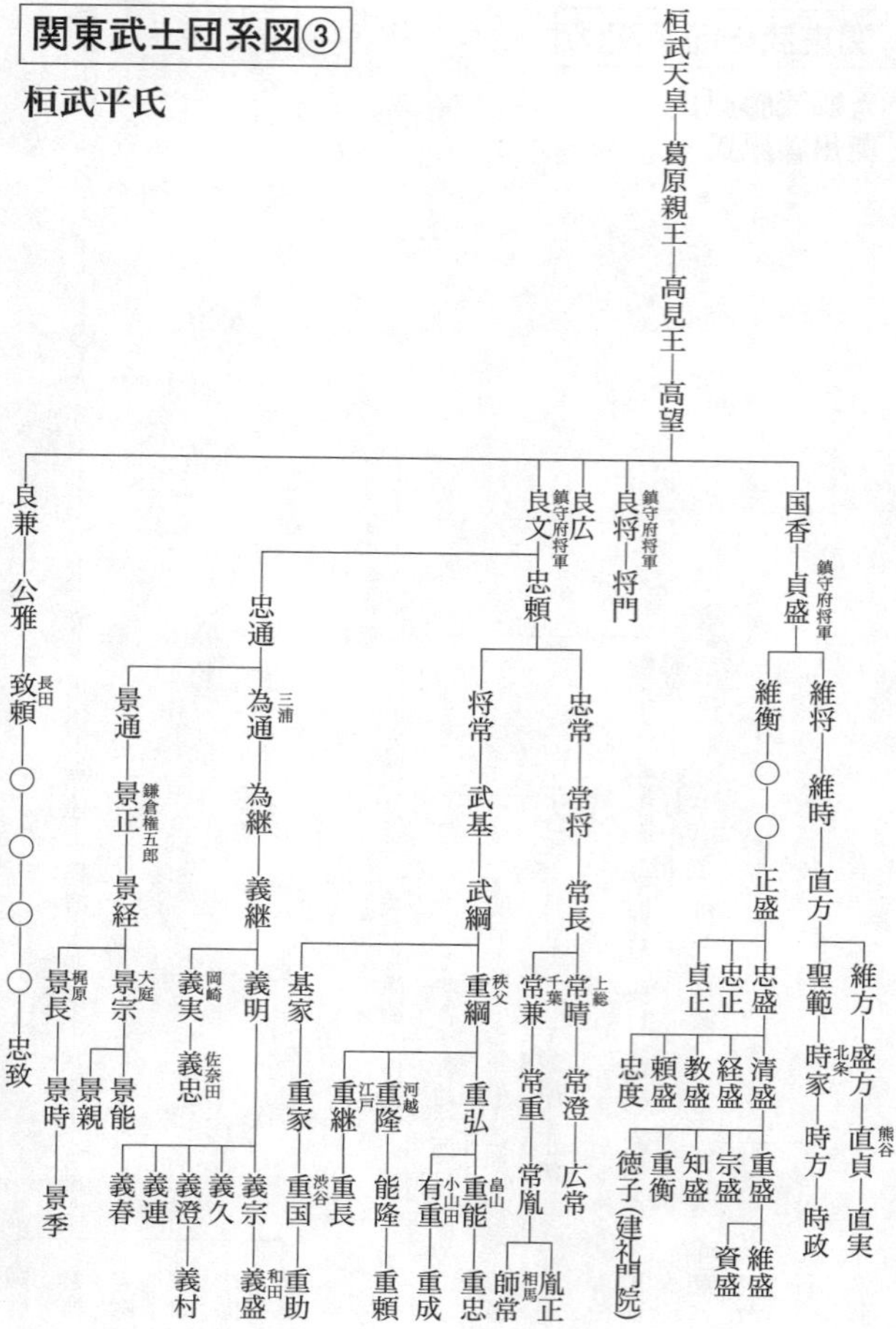

関連年表

年号	西暦		本文関連・重要事項
治承三	一一七九	一一月	平清盛のクーデター、院近臣三九人を解官。後白河院を鳥羽殿に幽閉。
治承四	一一八〇	四月	以仁王、平氏追討の令旨を発す。安徳天皇即位。源行家、以仁王の令旨を伊豆の源頼朝に伝える。
		五月	以仁王・源頼政ら、南都に逃れる途中で平氏軍に追撃され、宇治川で合戦。
		六月	福原行幸。
		七月	五月からの大旱魃がつづく。
		八月	頼朝、伊豆国で挙兵。石橋山合戦、頼朝、大庭景親らに敗れ逃走。小坪坂合戦、和田義盛、三浦真光に「馳組み」戦の心得を尋ねる。衣笠城合戦、三浦一族、安房国へ敗走、三浦義明討死。武田信義、甲斐国で挙兵。
		九月	木曾義仲、信濃国で挙兵。熊野別当湛増、蜂起。千葉常胤、藤原親政と戦って勝ち、その後、源頼朝のもとに参向する。上総介広常、兵「二万騎」をひきいて頼朝のもとに参向。平維盛ら、東国の反乱追討のため京都を進発。
		一〇月	頼朝、鎌倉に入る。頼朝、波多野義常の松田郷を没収。富士川合戦、平氏軍は武田信義ひきいる反乱軍と対峙、戦わずして敗走。相模国府で論功行賞、没収地給与をおこなう。頼朝、河村義秀の河村郷、山内経俊の山内荘を没収。
		一一月	頼朝、佐竹秀義の常陸国奥七郡・太田・糟田・酒出などを没収。延暦寺堂衆や園城寺衆徒と連携して近江源氏が蜂起。美濃源氏が蜂起。和田義盛を侍所

年号	西暦	本文関連・重要事項
		別当とする。鎮西の菊池隆直が蜂起。福原より還都。 十二月　伊予国の河野通清が挙兵。興福寺衆徒と連携した河内石川源氏が蜂起。平重衡が南都を攻撃、東大寺・興福寺を焼く。
治承五 （養和元）	一一八一	一月　後白河院、院政を再開。平宗盛を五畿内・近江・伊賀・伊勢・丹波諸国の惣官とする。 二月　京職・検非違使に京中の在家を調べさせる（検注）。 閏二月　清盛歿す。 三月　平重衡、尾張・美濃国境の墨俣川で源行家を破る。安田義定、遠江国で「人夫」を召し集め、「城郭」を構築。遠江国の浅羽宗信・相良頼景の所領を没収。下総国の片岡常春の所領を没収。 六月　京中に餓死者があふれる。越後国の平氏方武士城助職、信濃国に侵攻する（白河荘から摂関家に納める年貢米まで、すべて兵粮米として徴発する）。木曾義仲、城助職を横田河原に破る。 七月　治承を養和と改元。 八月　藤原秀衡を陸奥守、城助職を越後守とし、反乱追討を命ずる。 九月　和田義茂、下野国で足利俊綱勢力を討つ。
養和二 （寿永元）	一一八二	三月　大飢饉のなかで、院宣を下し、諸国諸荘より兵粮を徴発しようとする、「上下色を失う」。 五月　養和を「飢饉・兵革・病事」により寿永と改元。
寿永二	一一八三	三月　平氏軍、和束杣の杣工を北陸道に動員しようとする。

		四月	平維盛・通盛ら、兵「四万余騎」をひきいて反乱軍追討のために北陸道に向かう。平氏軍、越前国火打城で反乱軍を破る。
		五月	砺波山合戦（倶利伽羅峠の戦い）、木曾義仲を中心とする反乱軍が平氏軍を大破（この合戦で平家方の武士、源貞弘は討死したが、その所領の河内国長野荘・天野谷は河内石川源氏の石川義兼に「没官所」と称して没収される）。
		六月	木曾義仲軍、加賀国篠原で平氏軍を破る。
		七月	平氏一門都落ち、宗盛、安徳天皇・建礼門院を奉じて西海へ向かう。義仲・行家ら入京。
		八月	後鳥羽天皇践祚。
		一〇月	十月宣旨、東海・東山両道の国衙領・荘園の本所還付の処置を源頼朝に任せる（頼朝の東国支配と反乱体制が朝廷によって公認される）。
		閏一〇月	平氏軍、備中国水島で木曾義仲を破る。
		一一月	木曾義仲、後白河院御所法住寺殿を襲撃。平氏軍、播磨国室山で源行家を破る（行家は海路和泉国に逃れ、石川義兼と結んで河内国長野地域と和泉国に軍政を敷き、京の木曾義仲と対立）。
寿永三（元暦元）	一一八四	一月	木曾義仲を征東大将軍に任ずる。源義経が宇治で義仲軍を破る（梶原景季と佐々木高綱の宇治川先陣争い、義仲は近江国粟津に戦死）。源範頼・義経、平氏追討使として出京する。
		二月	勝尾寺、梶原景時の軍勢によって資財の掠奪・焼打ちを受ける。生田の森・一の谷合戦、範頼・義経の軍、平氏を破る（平忠度、敦盛らが討たれ、重衡が生け捕りとなる）。平宗盛、安徳天皇を奉じて讃岐国屋島に退却。頼朝、

年号	西暦	本文関連・重要事項
		三月　後白河院に申請して畿内近国に軍事動員体制を敷く一方、東国・北陸諸国で勧農を実施する。
		四月　後白河院、平家没官領を源頼朝に賜う。
		四月　寿永を元暦と改元。
		五月　源頼朝、鎌倉にて平頼盛に小笠懸を見物させる。
		七月　中原親能、「鎌倉殿の仰せ」を受けて京中で平家領調査をおこなう。伊勢・伊賀平氏の反乱、伊勢国の御家人加藤光員がのちに謀叛人跡調査をおこなう。
		八月　源義経、頼朝の許可なく左衛門少尉に任ぜられ、検非違使となる。伊勢国で平信兼が討たれる。
		九月　源範頼、平氏追討のため京都を進発、山陽道を西下、行軍は困難をきわめる。
元暦二（文治元）	一一八五	一月　源頼朝、範頼の要請を入れて兵粮米と兵船を送るも、馬の輸送は拒否。
		二月　屋島合戦、源義経、讃岐国屋島に平氏を破る。
		三月　壇ノ浦合戦、義経、長門国壇ノ浦に平氏を破る（安徳天皇・平知盛・経盛・教盛ら死す、宗盛・時忠は生け捕り、平氏一門滅亡）。讃岐国目代後藤兵衛尉、長門国豊西南条小野山に乱入。
		四月　源頼朝、従二位に叙せられ、まもなく幕府政所を設置。
		五月　平貞能・盛国らの鎮西所領の没官を源範頼に命ずる。義経、平宗盛らを護送して東国へ下る。
		六月　頼朝、義経に宗盛らを京都に送還させる。頼朝、惟宗忠久を伊勢国波出御厨・須可荘の地頭職に補任する。平宗盛、近江国篠原で斬られる。南都衆

			徒、木津川畔に平重衡を斬る。
		八月	元暦を文治と改元。
		一〇月	義経・行家の奏請により源頼朝追討の宣旨を下す。
		一一月	源義経・行家ら、京都より西国に逃走するも摂津国大物浦で遭難。北条時政、兵「一千騎」をひきいて入京。源頼朝に義経・行家追討の宣旨を下す。「文治勅許」によって国地頭（惣追捕使）設置。
		一二月	伊勢国大橋御園・河田別所槻本御園に武士が乱入、領主行恵を搦め捕ろうとする。九条兼実を内覧とし、また兼実以下一〇人の議奏公卿を置く。北条時政、河内国薗光寺に制札を発給。
文治二	一一八六	一月	伊勢国大橋御園に武士がふたたび乱入、村人によって撃退される。
		三月	北条時政、七ヵ国の国地頭職を辞退（軍事動員体制の解除へ）。
		五月	北条時定ら、和泉国で源行家を殺す。
		八月	頼朝、鎌倉で西行と会い、弓馬の故実をたずねる。
文治三	一一八七	八月	源頼朝、鶴岡八幡宮ではじめて放生会をおこなう。
		九月	頼朝、天野遠景らとともに鬼界島を討たせるため、中原信房を西下させる。
		一〇月	藤原秀衡歿す。
		一一月	畠山重忠に謀叛の嫌疑がかけられる。下河辺行平が説得にあたる。
文治四	一一八八	二月	源義経の奥州潜伏が発覚。藤原基成・泰衡に義経を捕縛させる宣旨を下す。
		九月	官使が鎌倉を経て奥州にむかい、泰衡請文をもって帰洛。
		一〇月	かさねて義経捕縛の宣旨を下す。
文治五	一一八九	二月	源頼朝、島津荘地頭惟宗忠久に七月一〇日までに鎌倉に参着するよう命ず

年号	西暦	本文関連・重要事項
		る。頼朝、義経・泰衡追討宣旨の発給を要請。
		閏四月　藤原泰衡、陸奥国平泉の衣川の館に源義経を襲撃し、義経自害。
		六月　頼朝、かさねて奥州追討宣旨の発給を要請、鎌倉に軍勢が参集しはじめる。
		七月　千葉常胤、頼朝の命を受け、源頼義の故実に則った旗を調進する。頼朝、かさねて追討宣旨の発給を要請。源頼朝、宣旨なきままに、藤原泰衡追討のため鎌倉を進発。
		八月　阿津賀志山合戦。頼朝、多賀国府に至る、千葉常胤らのひきいる東海道軍と合流。頼朝、平泉に入る。
		九月　藤原泰衡を追って厨川に北上を開始。泰衡、比内郡贄柵で家人河田次郎に討たれる。陣岡で比企能員らの北陸道軍と合流。泰衡の首が陣岡に届き、梟首される。源頼朝、全軍をひきいて厨川に至り、八日間駐留する。頼朝、権中納言吉田経房に書状を送り後白河院へのとりなしを依頼。頼朝、胆沢郡鎮守府故地で奥州合戦の論功行賞と吉書始をおこなう。
		一〇月　頼朝、鎌倉に帰着。奥州合戦不参の安芸国御家人城頼宗の所領を没収。
文治六 (建久元)	一一九〇	四月　下河辺行平を源頼家の弓の師とする。文治を建久と改元。
		一一月　源頼朝上洛、後白河院と会見。頼朝、権大納言・右近衛大将に任官するも、ほどなく辞退。
建久二	一一九一	一月　頼朝、「前右大将家」として政所吉書始をおこなう。
		八月　大庭景能、頼朝の新亭で御家人たちに保元の乱でのみずからの経験を語る。
		閏一二月　頼朝、三浦義澄の新邸に遊び、武士たちに相撲を取らせて見物。

建久三	一一九二	三月　後白河院歿す。 七月　源頼朝、征夷大将軍となる（このころから、それまで発給してきた御判下文や奉書を前右大将家や将軍家政所下文に更新しはじめる）。 八月　将軍補任後の政所始をおこなう。
建久四	一一九三	三月　武蔵国入間野で追鳥狩、頼朝、頼義の故実にならい藤沢清親の射芸を嘉して乗馬を引く。 五月　頼朝、富士裾野に巻狩をもよおす。曾我兄弟、工藤祐経を討つ。
建久五	一一九四	一〇月　頼朝、小山朝政の邸宅に下河辺行平・武田有義・和田義盛らの「弓馬の堪能等」を召集、流鏑馬の様式について評議させるもまとまらず。
建久六	一一九五	三月　頼朝二度目の上洛。東大寺大仏殿再建供養。 六月　河内石川源氏の石川義兼、それまで補任されていた河内国長野荘・天野谷の地頭職を停止される。

解　説――征夷大将軍について

兵藤裕己

足利尊氏が征夷大将軍になったのは、建武五年（一三三八、南朝の延元三年）八月である。その二年後の暦応三年（興国元年）二月、関東で足利方とたたかっていた北畠親房は、『職原抄』を著した。朝廷の官職制度について記したこの故実書で、ひとつの眼目となるのは、征夷大将軍にかんする故実である。

神祇官・太政官の職制について記したあとで、『職原抄』は、巻末に「外武官」（令外《りょうげ》の武官）の項目をたてている。そのなかで、親房は、「代々将軍と称するは、鎮府の将也」とし、また、「征夷・征東等は臨時にこれを置く。その府有るを聞かざる也」と述べている。将軍とは、ほんらい鎮守府将軍のことで、征夷・征東の将軍は、辺境の叛乱にさいして「臨時」に任命される。中古に征夷（征東）将軍の「軍府」が設置された例はなく、したがって、源頼朝以後、征夷大将軍が「連綿」と継承され、その「軍府」（幕府）が常設されたのは故実にもとるというのである。

南朝政権のイデオローグである北畠親房の子息、顕家と顕信は、ともに鎮守府将軍として、畿内、東国、奥州を戦場にして、足利方と文字どおりの死闘を展開した。『職原抄』にいう「征夷・征東等は臨時にこれを置く。その府有るを聞かざる也」には、鎌倉開府以後の武家の故実が、足利尊氏によって既成事実化されることへの、親房の深刻な危機感がうかがえよう。

征夷（征東）大将軍は、平将門の乱のため天慶三年（九四〇）に藤原忠文が任命されてから、寿永三年（一一八四）一月に木曾義仲が一時的に（わずか十日間）任命されるまで、じつに二百五十年ちかく叙任の例がない。坂上田村麻呂の物語などでなかば伝説化された将軍職であり、ほとんど実体のない（だから義仲の叙任もありえた）大将軍の称号を、なぜ頼朝は朝廷にもとめたのか。

その理由として、頼朝と対抗関係にあった奥州藤原氏が、事実上の鎮守府将軍の地位にあったこと、頼朝の有力御家人には、かつて鎮守府将軍として名をはせた藤原秀郷や平良文の子孫が少なからずおり、頼朝はかれらにたいしてみずからを差異化する必要があったこと、また、朝廷から派遣される征夷（征東）大将軍は、戦時において鎮守府を指揮下にいれ、鎮守府将軍よりも上位に位置する将軍だったこと、などがあげられよう。しかし、もっとも本質的な理由は、川合康氏の研究によって、はじめてあきらかにされたのだ。

川合氏には、『鎌倉幕府成立史の研究』（校倉書房、二〇〇四年）という大著がある。書名のとおり、鎌倉幕府の成立過程について研究した学術書だが、この本で詳論される川合氏の研究のエッセンスを、学問的水準を下げることなく、しかも一般読者にも読みやすい明快な文章でまとめたのが、一九九六年に刊行された本書、『源平合戦の虚像を剝ぐ』である。『源平合戦の虚像を剝ぐ』で、川合氏はまず、『吾妻鏡』などの記録や史料類のほかに、延《えん》慶《きょう》本以下の『平家物語』諸本の合戦記述を詳細に読みとくことから、治承・寿永内乱期の合戦の実態をあきらかにする。すなわち、この内乱期には、在来の武士の芸であった騎射よりも、組み打ちや馬当てによる「格闘」が戦法の主流となったこと、その理由として、未曾有の大内乱である治承・寿永期の合戦では、従来の武士身分（国衙軍制を構成した正規の武士）をこえて、弓馬の術に堪能でない「小名」（村落領主）クラスまでふくめた幅広い階層が、数千、ときには数万規模で動員されたことを指摘する。そして内乱期におけるこうした広汎な軍事動員のあり方こそが、鎌倉幕府御家人制の成立の端緒となったという。

たとえば、源頼朝による敵方所領の没収と、没収地の御家人への給付は、すでに治承四年（一一八〇）の挙兵直後から行なわれていた。中央国家への反乱軍として出発した頼朝は、朝廷を介さずに、みずからの名で所領の没収・給付を行なうことができた。鎌倉殿頼朝を頂点としたあらたな所領給付システムは、頼朝の反乱軍が朝廷によって公認されてからも、継続した戦時体制によって既成事実化され、それが鎌倉幕府の主従制、御家人制の基盤となる地頭制を成立させたのだという。

川合氏はさらに、そのような戦時体制を前提にした御家人制を存続させていくうえで、頼朝の政治力がいかに大きな役割をはたしたかについて述べている。その政治力が発揮された顕著な一例が、平家滅亡から四年後、頼朝によって周到に計画され、文治五年（一一八九）秋に遂行された奥州藤原氏の殲滅戦争である。

奥州合戦にさいして、頼朝は、西は南九州の御家人までふくめた全国的な動員を命じ、「二十八万四千騎」（『吾妻鏡』）ともいわれる史上空前の大軍勢を奥州に集結させた。動員に応じなかった者たちには、所領の没収などのきびしい制裁が科されたが、川合氏によれば、それは、治承・寿永内乱期に発生した主従関係をいったん清算し、それをあらたに再編制することで、鎌倉殿御家人制を確立させる意図で行なわれた軍事動員だったという。

また、奥州合戦は、康平五年（一〇六二）に源頼義が安倍頼時・貞任の乱を平定した前九年合戦の故実にもとづいて、その再現として徹底的に演出された。たとえば、奥州藤原氏の当主泰衡の首をさらすときは、安倍貞任の首をさらした故実に準拠し、首を打ちつける鉄釘まで、貞任のときとおなじ寸法の鉄釘がもちいられたという。それはまさに、見まもる大軍勢のまえで、「曩祖《のうそ》将軍」源頼義以来の源家譜代の主従制を神話的に再現し、頼朝の御家人制がいかに正統であるかを見せつける一大セレモニーだった。

奥州平泉を制圧し、藤原泰衡の首級をあげた頼朝の大軍勢は、さらに北上をつづけ、九月十二日から七日間にわたって厨川に逗留した。それは、かつて厨川柵で源頼義が安倍貞任を討ちとったのが九月十七日だったからであり、川合氏によれば、頼朝はその日付けまで考慮に入れて綿密な計画をねり、同年二月の軍勢催促にはじまり、七月の鎌倉出陣も行なったのだという。

奥州合戦が、内乱期から継続された頼朝の一連の政治的努力、つまり鎌倉殿御家人制の確立へむけた総仕上げの戦争だったことを述べる第六章は、各節がそれぞれ謎ときのようにじつにスリリングに構成されており、まさに本書の白眉となっている。

鎌倉幕府とは、要するに、王朝国家にたいする反乱軍として出発した源頼朝が、その軍事動員体制を平時においても恒常化させることで成立した軍事政権だった。この川合氏の研究によって、鎌倉幕府の成立をたんに朝廷側からの公権委譲として説明する旧来の説はなりたたなくなったのだろう。そしてこのような本書のコンテクストに位置づけることで、はじめに述べた征夷大将軍の問題も理解できるのだ。

頼朝が、鎮守府将軍だった「曩祖将軍」源頼義の故実をはなれ、あえて先祖にも前例のない征夷大将軍職についたのは、それが戦時に任命される「臨時」(『職原抄』)の将軍だったからである。建久三年(一一九二)の頼朝の征夷大将軍就任は、まさに戦時体制を恒久化させる鎌倉幕府の「軍政」としての本質にかかわる問題なのであった。

『源平合戦の虚像を剝ぐ』が講談社選書メチエから刊行された一九九六年四月、担当編集者の横山建城氏の仲介で、わたしははじめて川合氏とお会いした(その前年、わたしは横山氏と『太平記〈よみ〉の可能性』という本をだしていた）。川合氏とはすぐに意気投合し、後日、横山氏をふくめた三人で、神奈川県横須賀市にある衣笠城をはじめ、三浦氏関係の史跡をたずねる日帰り旅行をした。川合氏という最高のガイド付きの見学会は、いまもなつかしく楽しい思い出である。

それがご縁で、川合氏とわたしが呼びかけ人となって歴史学と国文学の若手研究者に声をかけ、「平家物語研究会」を発足させた。この会で川合氏の影響をうけてそだった若手研究者は少なくないのだが、その後、会は「中世戦記研究会」と名称をかえて、志立正知氏や野口実氏のご尽力によっていまも継続している。この研究会が出発するきっかけとなったのが、じつは一九九六年の『源平合戦の虚像を剝ぐ』の刊行だったのである。

歴史学・国文学の両分野に少なからぬ影響をあたえた川合氏の名著が、学術文庫というあらたな装いのもとに、より多くの読者に読まれることを心からよろこびたい。

（学習院大学文学部教授）

本書の原本は、一九九六年、小社より刊行されました。

川合　康（かわい　やすし）

1958年，三重県生まれ。神戸大学文学部卒業。同大大学院博士課程単位取得退学。博士（文学）。現在，大阪大学大学院教授。専攻は日本中世史。著書に『鎌倉幕府成立史の研究』『源平の内乱と公武政権』，編著に『平家物語を読む』などがある。

講談社学術文庫

定価はカバーに表示してあります。

源平合戦《げんぺいかっせん》の虚像《きょぞう》を剝《は》ぐ
治承《じしょう》・寿永内乱《じゅえいないらん》史《し》研究《けんきゅう》

川合《かわい》　康《やすし》

2010年4月12日　第1刷発行
2019年12月10日　第8刷発行

発行者　渡瀬昌彦
発行所　株式会社講談社
東京都文京区音羽 2-12-21 〒112-8001
電話　編集（03）5395-3512
販売（03）5395-4415
業務（03）5395-3615

装　幀　蟹江征治
印　刷　株式会社廣済堂
製　本　株式会社国宝社
本文データ制作　講談社デジタル製作

ISBN978-4-06-291988-3

「講談社学術文庫」の刊行に当たって

これは、学術をポケットに入れることをモットーとして生まれた文庫である。学術は少年の心を養い、成年の心を満たす。その学術がポケットにはいる形で、万人のものになることは、生涯教育をうたう現代の理想である。

こうした考え方は、学術を巨大な城のように見る世間の常識に反するかもしれない。また、一部の人たちからは、学術の権威をおとすものと非難されるかもしれない。しかし、それはいずれも学術の新しい在り方を解しないものといわざるをえない。

学術は、まず魔術への挑戦から始まった。やがて、いわゆる常識をつぎつぎに改めていった。学術の権威は、幾百年、幾千年にわたる、苦しい戦いの成果である。こうしてきずきあげられた城が、一見して近づきがたいものにうつるのは、そのためである。しかし、学術の権威を、その形の上だけで判断してはならない。その生成のあとをかえりみれば、その根は常に人々の生活の中にあった。学術が大きな力たりうるのはそのためであって、生活をはなれた学術は、どこにもない。

開かれた社会といわれる現代にとって、これはまったく自明である。生活と学術との間に、もし距離があるとすれば、何をおいてもこれを埋めねばならない。もしこの距離が形の上の迷信からきているとすれば、その迷信をうち破らねばならぬ。

学術文庫は、内外の迷信を打破し、学術のために新しい天地をひらく意図をもって生まれた。文庫という小さい形と、学術という壮大な城とが、完全に両立するためには、なおいくらかの時を必要とするであろう。しかし、学術をポケットにした社会が、人間の生活にとってより豊かな社会であることは、たしかである。そうした社会の実現のために、文庫の世界に新しいジャンルを加えることができれば幸いである。

一九七六年六月　　　野間省一